A qualidade no consumo do vinho

Dados Internacionais de Catalogação na Publicação (CIP)
(Jeane dos Reis Passos – CRB 8ª/6189)

Aguiar, Míriam
A qualidade no consumo do vinho / Míriam Aguiar. –
São Paulo : Editora Senac São Paulo, 2015.

Bibliografia
ISBN 978-85-396-0875-1

1. Enologia 2. Vinhos – consumo 3. Vinhos e vinificação
I. Título.

15-319s   CDD-663.2
                                      BISAC CKB088000
                                          TEC003110

Índice para catálogo sistemático:
1. Qualidade do vinho : Enologia   663.2

MÍRIAM AGUIAR

A qualidade no consumo do vinho

Editora Senac São Paulo – São Paulo – 2015

ADMINISTRAÇÃO REGIONAL DO SENAC NO ESTADO DE SÃO PAULO

Presidente do Conselho Regional: Abram Szajman
Diretor do Departamento Regional: Luiz Francisco de A. Salgado
Superintendente Universitário e de Desenvolvimento: Luiz Carlos Dourado

EDITORA SENAC SÃO PAULO

Conselho Editorial: Luiz Francisco de A. Salgado
Luiz Carlos Dourado
Darcio Sayad Maia
Lucila Mara Sbrana Sciotti
Jeane dos Reis Passos

Gerente/Publisher: Jeane dos Reis Passos (jpassos@sp.senac.br)
Coordenação Editorial: Márcia Cavalheiro Rodrigues de Almeida (mcavalhe@sp.senac.br)
Comercial: Marcelo Nogueira da Silva (marcelo.nsilva@sp.senac.br)
Administrativo: Luis Américo Tousi Botelho (luis.tbotelho@sp.senac.br)

Edição de Texto: Adalberto Luís de Oliveira e Luiz Guasco
Preparação de Texto: Monise Martinez
Revisão de Texto: Heloisa Hernandez (coord.), Karinna A. C. Taddeo, Patricia B. Almeida
Projeto Gráfico e Capa: Antonio Carlos De Angelis
Foto da Capa: iStockphoto.com
Impressão e Acabamento: Rettec Artes Gráficas e Editora Ltda.

Proibida a reprodução sem autorização expressa.
Todos os direitos desta edição reservados:
EDITORA SENAC SÃO PAULO
Rua Rui Barbosa, 377 – 1º andar – Bela Vista – CEP 01326-010
Caixa Postal 1120 – CEP 01032-970 – São Paulo – SP
Tel. (11) 2187-4450 – Fax (11) 2187-4486
E-mail: editora@sp.senac.br
Home page: http://www.editorasenacsp.com.br

© Editora Senac São Paulo, 2015

Sumário

Nota do editor 7

Apresentação 11

Introdução 15

A qualidade do vinho 21

Evolução e transformação da qualidade dos vinhos 37

Os paradigmas da qualidade dos vinhos 69

O consumo e os consumidores de vinhos 89

O vinho no Brasil 121

O vinho em nossa mesa 173

Considerações finais 219

Bibliografia 225

Nota do editor

A produção e o comércio do vinho implicam, hoje, a observação de uma realidade nova e complexa: essa bebida é fabricada em diversas regiões do Brasil e do mundo, segundo padrões muito diferentes entre si e, além disso, seu consumo é mediado pela fala de formadores de opinião – registrada em livros, jornais, sites e blogues.

Conhecer esses elementos é fundamental para quem trabalha ou pretende trabalhar diretamente com o vinho, mas, também, uma demanda cada vez maior por parte dos apreciadores dessa bebida.

A qualidade no consumo do vinho reúne, de maneira clara, concisa e instigante, informações que compõem um vasto painel sobre temas relacionados ao vinho, abrangendo aspectos de sua história, dos sistemas de avaliação que o classificam e das modernas tecnologias desenvolvidas para criar produtos que satisfaçam o gosto dos consumidores – inclusive quando isso inclui a compatibilização do vinho com iguarias da cozinha brasileira.

Lançado pelo Senac São Paulo, este livro é mais uma contribuição para o aprofundamento dos estudos e das discussões nas áreas de enologia e gastronomia.

Agradecimentos

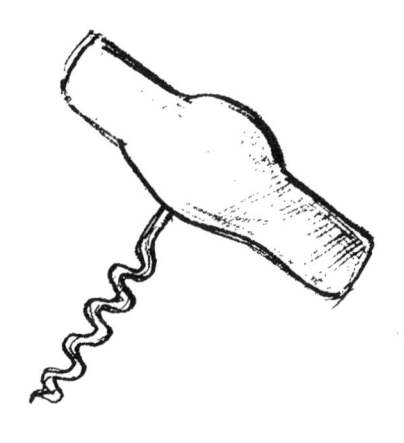

Como nas obras anteriores, meu agradecimento à minha mãe, Nira, é primordial.

Mas há uma pessoa sem a qual este livro jamais seria possível, e a quem o dedico: John Wilkinson, mestre, amigo, detentor de todas as qualidades que pode reunir um grande pesquisador – conhecimento, sabedoria e generosidade para aprender e ensinar.

Agradeço ainda aos colegas de pesquisa sobre signos de origem e mercados de qualidade do Brasil e da França, às instituições de fomento à pesquisa que deram respaldo à realização de meu pós-doutorado – CNPQ, Capes, Cofecub –, aos facilitadores da minha aproximação com o setor de produção, regulamentação e comercialização de vinhos, aos parceiros da imprensa e especialistas que acolhem tão bem meus textos e palavras e, por fim, a todos aqueles (*sommeliers*, especialistas, produtores, importadores, enófilos e restaurantes) que tornaram possível a realização do projeto de enogastronomia "O vinho em nossa mesa" nas cidades de Belo Horizonte, São Paulo e Rio de Janeiro.

Apresentação

Para todos os que conhecem o blogue da Míriam, *Os vinhos que a gente bebe*, não será surpresa que ela agora nos ofereça um livro fascinante sobre o vinho, nos guiando pelo tempo e pelo espaço para contar a sua história. Não se trata, porém, apenas de uma história, por mais ricos que sejam os muitos detalhes que povoam estas páginas. Essa história é contada de uma perspectiva que unifica os seis capítulos que compõem o livro – a da qualidade, um conceito complexo e pleno de ambiguidades. Míriam não se furta a essa complexidade e mostra, logo de início, como esse conceito tem desafiado os grandes pensadores desde Aristóteles.

Não é o conteúdo filosófico, no entanto, que move a autora. O foco desta publicação reside na maneira como conceitos de qualidade têm definido os padrões de consumo e as estratégias de concorrência do vinho. Embora o consumo dessa bebida tivesse um lado habitual em várias culturas ("vinho de mesa"), ele foi também sempre associado a algo especial, superior, divino. Já entre os romanos, avanços tecnológicos e de *know-how* permitiram discriminar qualidades entre os vinhos em torno das quais distintas regiões se destacaram.

Aí surge o aspecto mais notável da qualidade no caso do vinho: a sua identificação com uma região. Pela maior parte de sua história, a qualidade do vinho fica ancorada nas características físicas e culturais de diferentes localidades, uma noção que recebe a sua formulação mais acabada na noção de *terroir*, que Míriam conheceu tão bem depois de passar um período, como pós-doutora, percorrendo os *terroirs* da França. Em Portugal de Pombal e depois mais sistematicamente na França, o lugar se torna tão identificado com a qualidade que o nome de origem migra para o produto, e essa associação fica protegida por lei.

A autora recorre à rica literatura da sociologia de consumo para iluminar as trajetórias do vinho em diferentes culturas e contextos sociais, e introduz o leitor a algumas das ideias-chaves de Veblen, Bourdieu, Campbell e Warde ao explorar o *mix* de tradição, distinção e inovação que caracteriza a história do vinho.

Da mesma forma, para a questão da qualidade, Míriam não se limita a descrições – seu texto é recheado de fatos e exemplos pertinentes. Aqui, novamente, a sua estadia na França permitiu um mergulho nas contribuições francesas à teoria econômica da qualidade. Não é de surpreender que o país que inventou o sistema de denominações de origem venha sendo, igualmente, responsável por avanços fundamentais na análise de qualidade. Nas teorias das "convenções" e das "singularidades", apreendemos como qualidades se associam não apenas ao produto em si, mas também às suas condições de produção. Assimilamos ainda que a garantia dessas qualidades exige a construção de complexos sistemas de julgamento e certificação.

É exatamente em torno dos sistemas de julgamento que o monopólio da qualidade dos vinhos do Velho

Continente é contestado pelo Novo Mundo. Migrações da Europa levaram tradições vinícolas e cepas para a América do Norte e a América Latina e, em muitos casos, os nomes sagrados de grandes vinhos. Ao mesmo tempo, a tecnologia em torno do vinho experimenta muitos avanços, diminuindo progressivamente as vantagens absolutas do "lugar". O desafio decisivo vem na forma de um novo tipo de julgamento: a degustação às cegas, que consagra os vinhos do Novo Mundo.

A autora analisa esse momento novo à luz de grandes mudanças nos hábitos de consumo – desde a segunda metade do século XX – e da montagem de todo um arcabouço institucional de *experts* e sistemas de avaliação e marketing, nos quais critérios de origem cedem diante de um foco que prioriza variedades e características organoléticas.

Amparada por essa contextualização histórica e analítica, Míriam dedica um capítulo ao desenvolvimento do vinho no Brasil a partir do século XIX e consegue admiravelmente sintetizar toda a sua complexidade: as tradições de produção e consumo nas regiões de migração europeia; a promoção de vinhos finos; a exploração de estratégias de origem e de vinhos tecnológicos (até no Nordeste semiárido); a concorrência das importações; o baixo consumo *per capita*; o sucesso e a rápida expansão dos espumantes.

O livro termina com o relato instigante de uma pesquisa inédita conduzida pela própria autora, em que a qualidade do vinho é abordada a partir da sua harmonização com pratos típicos da culinária brasileira. Seis eventos foram organizados em restaurantes de renome, e os convidados, previamente avisados do prato a ser servido, trouxeram vinhos escolhidos por suas virtudes de harmonização. Os vinhos foram experimentados às cegas, discutidos e ranqueados. Esse esforço de inserir o vinho nas tradições brasileiras de consumo apoia-se em um critério de qualidade relacionado não à sua origem, nem à sua qualidade intrínseca, mas ao seu potencial de harmonização com o prato escolhido. E, de quebra, o capítulo nomeia os vinhos escolhidos!

Um belo livro! Boa leitura!

John Wilkinson
Professor associado do Centro de Pesquisa e Desenvolvimento Agrícola (CPDA) – UFRRJ, pesquisador e especialista em sociologia econômica e no sistema agroalimentar.

Introdução

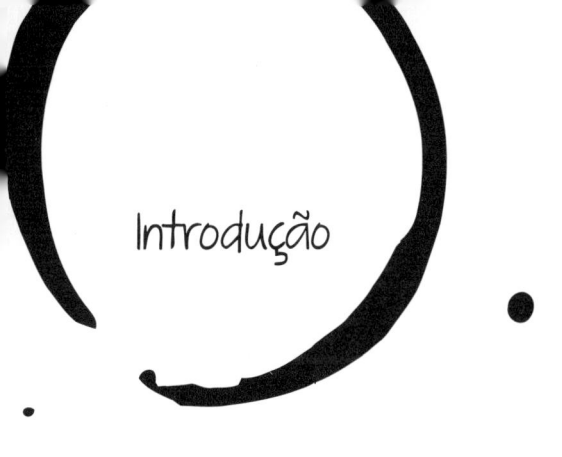

O mercado de vinhos atravessa profundas transformações quanto aos processos de produção, comercialização e consumo desde a segunda metade do século XX, motivadas por modelos de excelência em qualidade que se institucionalizaram, que foram incorporados em novas realidades e que inauguraram novos circuitos comerciais. A despeito do seu aparente "agigantamento", esse período de mudanças foi marcado pela queda contínua do consumo de vinhos em países nos quais é bebida tradicional, ciclo que apenas nos últimos anos foi interrompido e permitiu um equilíbrio do mercado em novos patamares, com a entrada de outros protagonistas na produção, no comércio e na mesa do consumidor.

No ritmo frenético da contemporaneidade, a emergência de novas nações no mercado, as descobertas de novos *terroirs*, as regulamentações continentais, os milhares de publicações, os eventos, o enoturismo e as confrarias colocam em cena um produto que combina tradição com inovação e que cria uma relação de paixão com o consumidor por meio de ferramentas estratégicas de marketing e comunicação, que potencializam a expansão internacional desse mercado. Ao lado da *expertise*, que sempre distinguiu o vinho como uma bebida glamorosa, e daqueles que sempre tiveram o vinho regional à mesa, surgem novos perfis de consumidores, ocupando um mercado estratificado e variável, assim como o seu cliente.

Não se trata mais de ser do Velho ou do Novo Mundo, pois as demarcações escapam às categorizações. O novo vinho, no contexto do século XXI, tem como consumidor um indivíduo que se torna *connoisseur*, experimentador e debatedor; ele flui, muda, evolui e desafia o mercado a acompanhá-lo, razão pela qual fez-se e faz-se necessário um ajuste no estatuto desse produto que, em um dado momento da história, aliava a excelência de sua qualidade à origem e à tradição, mas que agora busca encontrar o seu lugar junto das preferências da modernidade.

Pode-se dizer que o vinho avança com significativos progressos em termos de qualidade. Aliás, grande parte da produção contemporânea tem como quesito de permanência no mercado a oferta de um *status* mínimo de qualidade, tornando o que se considera bom mais acessível aos públicos que antes consumiam vinhos ordinários.

No entanto, permanece ainda a existência dos níveis de qualidade que distinguem o vinho da corte e do plebeu, públicos de aspirações distintas e muitas vezes conflitantes. Assim, quando a balança da qualidade pende para o lado do consumidor, são muitas as questões que se colocam ao mercado de vinhos contemporâneo, já que outras bebidas que compartilham as mesmas prateleiras tendem a operar em trilhos relativamente homogêneos, em uma acirrada disputa entre preços e pequenos diferenciais de marca. Assim, mesmo tendo em conta os perfis mais padronizados de produção, o vinho continua funcionando sob uma lógica de valoração bastante particular, na qual preço e qualidade navegam por uma complexa trama de conexões simbólicas e culturais, com itinerários pouco previsíveis.

Este livro parte de uma investigação sobre o mercado de vinhos na atualidade, contemplando essa gama de novos personagens e realidades que têm no cerne de seu discurso a incessante busca pelo vinho de qualidade. Para as análises expostas, foram utilizados materiais da minha pesquisa de doutorado e pós-doutorado recolhidos em meus estudos no Brasil, na Argentina, na França e em minha atuação no meio especializado, na condição de professora, jornalista e consultora.

O capítulo 1 analisa, à luz de diferentes disciplinas, o conceito de qualidade – um termo tão utilizado no cotidiano para definir e distinguir o que é bom e ruim, mas que pode ter vários significados, com distintos parâmetros e muitas possibilidades de manifestação segundo a perspectiva de quem observa, escolhe, produz e consome. Responder à questão da qualidade do vinho sem o cuidado de investigar quais são os critérios e as pessoas que definem essa qualidade pode gerar, como veremos, sérios equívocos de interpretação.

O capítulo 2 apresenta um breve panorama da história do vinho, da Antiguidade aos nossos dias, em um esforço de descortinar elementos e valores que contribuíram para qualificar a sua produção e o seu consumo ao longo do tempo e em contextos variados. Cabe ressaltar que, além dos aspectos técnicos, com influência mais direta na produção e no sabor do vinho, há uma série de símbolos e rituais, aos quais o produto esteve ligado, que ajudaram a enaltecer a sua imagem e os seus progressos tecnológicos. Religiosidade, civilidade, *status* social, aspectos medicinais e erotismo entram, por exemplo, na composição dos humores que vêm qualificando o néctar dionisíaco da viticultura.

A partir da Modernidade, o vinho consolida algumas bases de produção que alavancam a sua reputação como uma bebida de qualidade e que passam a ser referência para o desenvolvimento de outras regiões. Por outro lado, as cidades se expandem e concentram um público consumidor crescente, que tem o vinho em alta conta, mas é assediado por muitos concorrentes. A bússola da qualidade tem por norte dois princípios fundamentais: a origem e o gosto, temas abordados no capítulo 3.

O capítulo seguinte debruça-se, então, sobre o tema do consumo, buscando investigar o que caracteriza o consumo de vinhos, comumente associado à alta gastronomia, a um saber especializado e aos rituais de degustação, suscitando, nas últimas décadas, muitas discussões nas redes sociais. Afinal, o que as pessoas buscam ao consumir o vinho e o que vem mudando nos perfis dos consumidores da bebida?

Os dois últimos capítulos buscam apresentar a realidade dos vinhos no mercado brasileiro. Assim, o capítulo 5 percorre o histórico da produção vitivinícola no Brasil, apresenta a evolução e a expansão da produção para novos territórios, caracteriza também o consumo da bebida no país e os difusores de sua cultura, e apresenta pesquisas e curiosidades desse mercado, como a contradição entre as taxas estatisticamente inexpressivas de consumo *per capita* e o crescente volume de produtos nas prateleiras.

De maneira a complementar o seu antecedente, o capítulo 6 propõe uma leitura mais contextualizada do vinho no Brasil, evidenciando possíveis significados do seu consumo ao brasileiro e as suas formas de inserção na mesa desse público em comparação às demais bebidas alcoólicas. Como a aproximação com a gastronomia é um dos pontos fortes do consumo de vinhos ao longo de sua história, o livro relata eventos do projeto "O vinho em nossa mesa", criado em 2014, no qual se propõe um diálogo entre os vinhos e os pratos típicos da comida brasileira. Seis encontros realizados em grandes centros do Sudeste brasileiro com a presença de especialistas e leigos têm seus resultados avaliados, trazendo conclusões sobre o que caracteriza esse diálogo e a harmonização entre pratos e vinhos.

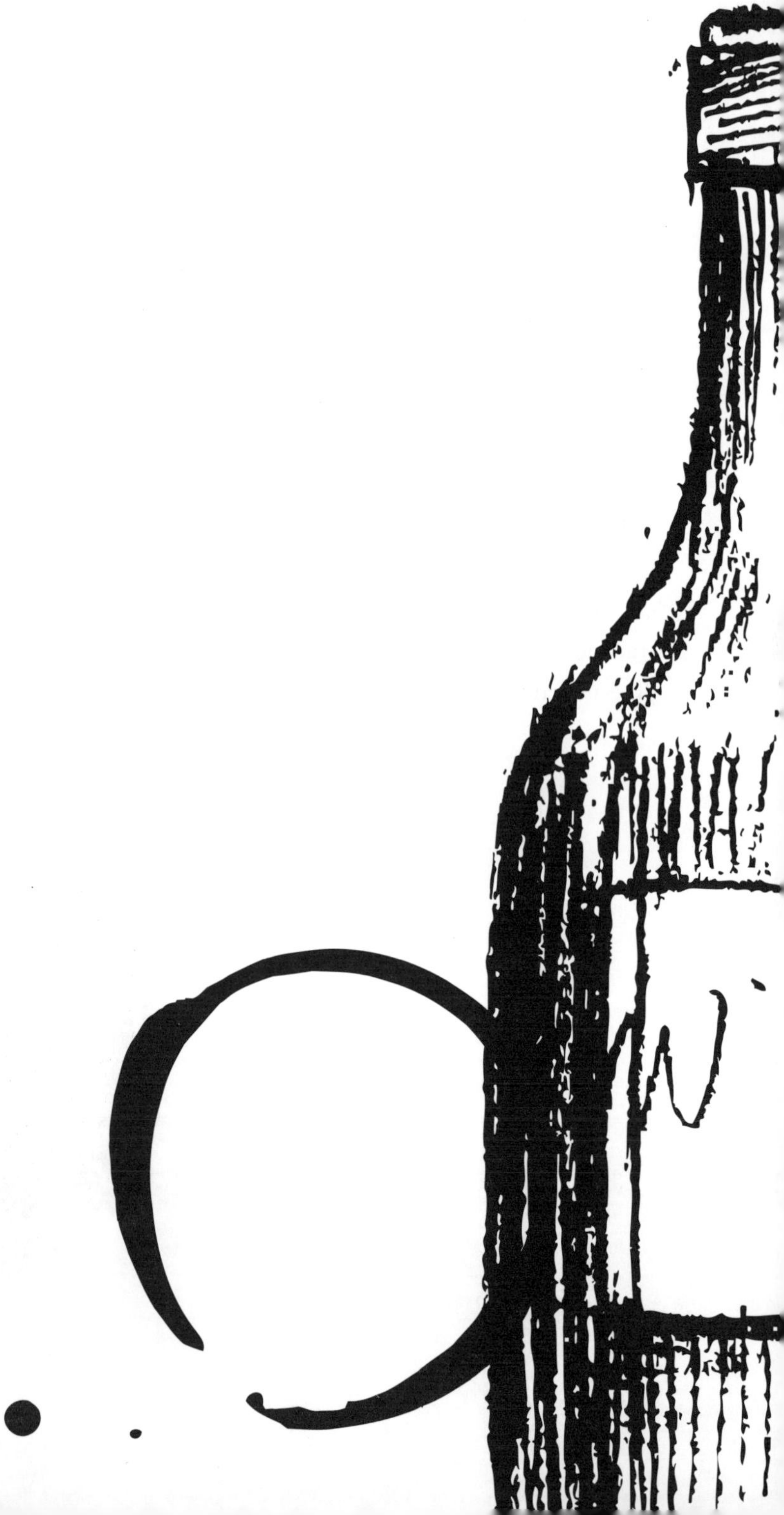

A qualidade do vinho

> Os vinhos são como pessoas vivazes, portadoras de alma e fala. Algumas são francas, outras falsas, algumas são alegres, outras tristes, algumas selvagens ou discretas, puras ou frívolas. Algumas são profundas, outras leves, corpulentas ou magrelas, pretenciosas ou modestas, insípidas ou encantadoras. Com algumas você se deita à noite e continua contente de reencontrá-la pela manhã. Sim, os vinhos são como as pessoas. Algumas são para conviver, outras para evitar.
>
> JEAN-CLAUDE PIROTTE (*apud* Mouret, 2012)

Durante o trabalho de campo da minha pesquisa de pós-doutorado sobre como se constitui a noção de qualidade do vinho, todas as vezes que eu a apresentava aos entrevistados, eles diziam "nossa, que tema difícil e complexo!". Todos sabemos que falar sobre a qualidade de qualquer coisa sem nos tornarmos reducionistas é difícil, pois para significá-la dependemos da escolha de critérios, dos parâmetros de referência empregados para julgá-los, dos pontos de vista e dos contextos considerados na avaliação, entre outras coisas. Sem esses recortes, qualquer menção à qualidade pode ser invalidada por apresentar variações que contestam essa noção, ou seja, a depender dos padrões e do ponto de vista tomados como referência, uma pizza de massa grossa pode ser, por exemplo, deliciosa e recomendável ou simplesmente grosseira.

No caso do vinho não é diferente, mas vale ressaltar ainda que a discussão sobre a qualidade desse produto está intimamente ligada à sua cadeia de produção, comercialização e consumo, isto é, para falar da qualidade do vinho de modo convincente e com valor científico, foi necessário reunir o máximo de critérios, parâmetros de referência, entidades, personalidades e contextos capazes de sustentar uma avaliação da produção múltipla e cheia de contrastes desse produto, que envolve ao mesmo tempo a rusticidade da vida rural, o requinte dos banquetes, os oligopólios do varejo, as cantinas artesanais, o silêncio de verdadeiros santuários de Baco e as frenéticas feiras de negócios.

O que é qualidade?

O termo "qualidade" vem do latim *qualitate* e pode ser utilizado em situações diversas, como para referir-se aos aspectos naturais de algo, às ações de alguém, ou mesmo a serviços e produtos (Reboul, 2014). Do ponto de vista de algumas abordagens da lógica e da metafísica, a qualidade é uma noção que diz respeito às percepções mais desprovidas de interpretações e representações dos fenômenos, isto é, trata-se de um entendimento que em nada se aproxima das condições pré-fixadas e objetivas que um produto deve atender para ser avaliado.

O primeiro conceito formal sobre qualidade foi mencionado por Aristóteles no *Organon*.[1] Neste conjunto de obras, o filósofo grego confere quatro significados ao termo, divididos em duas categorias: a primeira diz respeito à natureza do objeto e a segunda à sua percepção, isto é, uma entende a qualidade apenas como uma virtude do objeto pela qual ele naturalmente é designado, a outra engloba os aspectos afetivos do objeto e diz respeito a características que não lhes são inerentes, mas sim percebidas pelos sujeitos, podendo variar.

Mas até que ponto é possível separarmos os aspectos inerentes a algo sem nos afetarmos por nossas percepções? Esse é um questionamento que está na raiz do debate sobre a dificuldade de se determinar objetivamente a qualidade que se percebe no sabor de um vinho, por exemplo.

Segundo Reboul,[2] nunca sabemos exatamente se uma qualidade percebida em relação a um produto é determinada pelo próprio objeto ou pela sensação

---

[1] *Organon* (do grego, ὄργανον) é o nome tradicionalmente dado ao conjunto das obras sobre lógica do filósofo antigo Aristóteles. Significa "instrumento" ou "ferramenta" porque os peripatéticos consideravam que a lógica era um instrumento da filosofia e, por essa razão, passaram a designar o conjunto de obras de Aristóteles desta maneira. Cf. Sylvain Reboul, *Philosophie et qualité*, disponível em: http://sylvainreboul.free.fr/qua.htm. Acesso em 27-11-2014.

[2] Sylvain Reboul, *id.*

subjetiva que ele provoca em cada consumidor; provavelmente há influência das duas dimensões. Em função dessa dificuldade de se determinar objetivamente uma qualidade "afetiva", a ciência logo desprezou essa noção e buscou construir padrões universalmente mensuráveis, que permitiram uma espécie de "quantificação" da qualidade. Seria o caso, por exemplo, de se trabalhar menos com termos qualificadores e mais com mensurações de qualidade, já que elas conferem mais objetividade a um julgamento que é, por si só, difícil de exprimir na mesma medida. Por exemplo, eu posso demandar a certas pessoas que me digam qual é a qualidade de um vinho, em uma escala de 1 a 10. Duas pessoas podem escolher o valor 6 como medida de avaliação, com sensações completamente distintas, já que o conceito do que é bom para uma pode ser totalmente diverso do que seria bom para outra. A objetividade do dado quantitativo é imaginária, jamais contém a precisão que supõe.

Na teoria semiótica de Charles Sanders Peirce, a qualidade está especialmente ligada à categoria da "primeiridade", isto é, a um nível inicial de interação com o objeto em que somos tomados por uma sensação, ainda sem forma, sem signo e representação. Quando buscamos interpretar essa sensação por meio de outros códigos, avançamos a outros estágios. No caso do vinho, por exemplo, significa dizer que as percepções despretensiosas e iniciais que temos estão ligadas à "primeiridade", mas a descrição e avaliação que fazemos das suas características estão ligadas ao campo simbólico das leis e representações que, por sua vez, enquadram as sensações aos padrões de qualidade regidos por convenções contextualmente variáveis.

Para Kant, as representações que criamos das coisas são sempre advindas de um sentido interno que se produz no momento em que relacionamos uma informação nova com algo que conhecemos previamente, ou seja, isolada das demais, uma representação jamais produz conhecimento, assim como a qualidade por si só é apenas uma sensação sem reconhecimento e sem juízo. Nesse sentido, a própria intenção de qualificação ou de determinação da qualidade faz com que a percepção que temos dessa se afaste do seu caráter de "primeiridade" e se aproxime de um ajuizamento, sujeito a vários diálogos contextuais e intersubjetivos.

Como podemos notar, a natureza do conceito de qualidade, inúmeras vezes citado e requisitado no mercado de vinhos para estabelecer hierarquias mais objetivas de categorias e preços, é muito diversificada e fluida. Assim, quanto mais subjetiva puder ser a percepção de um determinado produto, mais a linguagem se fará necessária para dar materialidade e legibilidade às suas qualidades. O vinho fino,[3] por exemplo, é um produto com ciclos mais longos e variáveis de produção e uma ampla diversidade de rótulos, razões pelas quais enquadra-se perfeitamente nesse caso.

---

[3] Vinho fino é aquele produzido com uvas viníferas ou comumente denominadas uvas europeias. São consideradas como ideais para a vinificação pela complexidade organoléptica e longevidade que podem alcançar.

Processos de qualificação

Quando falamos sobre qualificar algo, podemos apenas descrever as características de alguma coisa nos isentando, tanto quanto possível, dos julgamentos, sempre ancorados em preferências já estabelecidas subjetiva ou intersubjetivamente. Em caráter ilustrativo, podemos chamar isso de "qualificação objetiva", já que nessa análise se privilegia mais descrever o objeto do que interpretá-lo. Nessas circunstâncias, a qualificação pode originar-se de uma avaliação organoléptica ou a partir da análise de dados específicos do produto como, no caso dos vinhos, o produtor, as uvas e suas denominações de origem, por exemplo.

No entanto, podemos também notar ou representar uma qualidade sem caracterizá-la nem justificá-la movidos mais por uma sensação unicamente particular. Nesse caso, podemos chamar o processo de qualificação de "afetivo", já que os pressupostos utilizados dizem mais sobre o que agrada ao sujeito do que sobre a relação entre o objeto e um julgamento empírico.

Além dos já mencionados processos, há também a "qualificação crítica", que busca descrever e interpretar um objeto pautando-se em alguns critérios (sensoriais ou técnicos) de apreciação, como fazem os especialistas em degustação. Finalmente, há as qualificações pautadas na combinação dos critérios de uma escala consensual de valores em relação à qualidade que, desta forma, "quantificam" a medida dessa qualidade ideal, isto é, em uma determinada escala de avaliação para a degustação de vinhos temos a nota 100 para o vinho ideal e 80 para o mínimo necessário a um produto de qualidade. Essa qualificação pode ser chamada de "comparativa".

Normalmente, os processos empregados para qualificar um produto são justapostos para, dessa forma, conseguirem representá-lo e qualificá-lo da maneira mais exata. Assim, enquanto as qualificações objetivas e afetivas fazem uma interpretação mais descritiva do que há no produto e no que ele provoca naquele que o consome, as qualificações críticas e comparativas se encarregam de julgar essas qualidades e, por esses julgamentos estarem relacionados a valores, eles são muito utilizados pelo mercado no esforço de orientar as equações do consumidor quanto ao que é oferecido e seu outro importante valor: o preço.

A qualidade para a gestão e a economia

A qualidade é tema central de vários estudos de administração na orientação e avaliação das práticas de produção e gestão em relação a produtos e serviços. Essas abordagens geralmente distinguem o que caracteriza o conceito da qualidade em acordo com a perspectiva do produtor ou do cliente. Ao produtor, por exemplo, recomenda-se que o produto ou serviço que oferece atenda às necessidades do cliente. Ao cliente, em contrapartida, recomenda-se reconhecer no produto ou serviço oferecidos os valores e as utilidades que busca, além de avaliar outros critérios de satisfação, como o desempenho, a durabilidade, a imagem e o preço. As necessidades do cliente podem variar consideravelmente ao longo do tempo e de acordo com a sociedade em que vive, embora a criação de um mercado crescentemente global tenda a direcionar a gestão empresarial e de produtos aos sistemas de padronização e certificações nacionais e/ou internacionais.

Quanto mais difícil a qualificação de um produto, maior é a tendência de se buscar recursos que possibilitem expressar e mensurar com mais precisão a sua qualidade. Assim surgiram os programas de qualidade total nas últimas décadas do século XX, dando continuidade a outros conceitos de sistemas produtivos como o taylorismo, o fordismo e o toyotismo, originários do setor automobilístico, que buscavam aliar alta produtividade, tempo, baixos custos e padrão de qualidade. Ao êxito desses modelos sucederam críticas, especialmente com relação à excessiva estandardização da concepção de qualidade e à omissão quanto a processos humanos, que fogem a qualquer forma de enquadramento.

Os modelos planificadores da qualidade foram e continuam sendo aplicados aos mais diversos segmentos de mercado, incluindo o agroalimentar, no qual o esquema *fast food* é o mais vívido exemplo da linha de montagem fordista. É válido ressaltar que, no entanto, assim como em outros domínios em que o aspecto qualitativo não está diretamente associado à tecnologia ou alta produtividade, no segmento agroalimentar nem sempre a aplicabilidade desses modelos é satisfatória ou até mesmo desejável: no caso dos vinhos, por exemplo, os processos produtivos encarnam valores da memória cultural, das práticas sociais, da identidade cultural e têm a satisfação de consumo sujeita às experiências e percepções estéticas mais subjetivas, razão pela qual para seus consumidores importa não apenas a qualidade material dos produtos, mas também a imaterial, ligada aos serviços, ao atendimento e às experiências que podem vir atreladas ao seu consumo.

Para o modelo de concorrência da economia clássica, utilidade e qualidade se confundem. No âmbito do consumo, os consumidores dos produtos convencionais são indiferentes às identidades dos produtores ou dos vendedores e não se diferenciam a partir das qualidades do que consomem. No entanto, a partir dos anos 1990, fala-se de um modelo de produção pós-fordista e dos mercados de qualidade e singularidade, cujos funcionamentos não obedecem ao esquema da economia clássica justamente porque a qualidade, subordinada às variáveis de quem avalia e consome, é capaz de subverter antecipadamente os julgamentos.

A economia das convenções surge, então, para mudar e inovar esses conceitos, postulando que a qualidade se constrói por meio da circulação dos produtos que, por sua vez, se constituem e se modificam ao longo de um processo que vai da produção até o momento do consumo. Passa-se a pensar, então, não em uma qualidade dada, mas sim em processos de qualificação, o que faz emergir atos coletivos e heterogêneos de atribuição de qualidades envolvendo pessoas e ferramentas.

A QUALIFICAÇÃO DOS PRODUTOS NÃO É MAIS O MONOPÓLIO DOS ATORES DA CADEIA COMERCIAL, APOIANDO-SE NA OPINIÃO DOS *EXPERTS* – ELA SE CONSTITUI COM O CONJUNTO DE ATORES DO MERCADO EM QUESTÃO: PODERES PÚBLICOS, ASSOCIAÇÕES DE CONSUMIDORES E CIDADÃOS, ESTUDIOSOS DO TEMA, ETC. (BARREY & VALDESCHINI, 2006, P. 27)

Particularidades na definição da qualidade dos vinhos

No segmento agroalimentar, certos aspectos da qualidade de um determinado produto só podem ser de fato identificados e verificados após a sua compra, durante o seu uso ou, às vezes, até mesmo posteriormente ao seu uso. No caso dos vinhos finos, por exemplo, as qualificações são suscetíveis à renegociação e à reavaliação dos consumidores a partir das interações concretas que eles têm com o vinho, haja vista as significativas variações de opinião que podem ocorrer entre uma degustação e outra do mesmo vinho.

O mercado dos vinhos de mesa (no Brasil feitos com uvas americanas) tende a variar de acordo com a lógica do mercado de massa, no qual fatores como a marca e o preço são muito relevantes. Em contrapartida, o mercado dos vinhos finos funciona de acordo com uma lógica diferenciada, pois assemelha-se àquilo que Lucien Karpik nomeia "mercado das singularidades" (2007), concernente aos bens raros, menos acessíveis aos consumidores em geral e que escapam ao modelo da economia neoclássica.

Os atributos desses bens não são facilmente objetiváveis e quantificáveis, tendo um caráter bastante abstrato e pouco legível para os não iniciados, pois ao passo que no mercado padrão os produtos são determinados e conhecidos antes da compra, no mercado de singularidades a qualificação final é incerta e depende de uma avaliação que será feita pelo consumidor em um momento posterior ao da compra. Essa singularidade é, por definição, incomparável, construída na relação entre o bem original, o serviço personalizado, o produtor e o consumidor. Tomemos o caso da produção dos vinhos como exemplo.

Antes de chegar ao consumo, o vinho passa pela etapa de vinificação, nem sempre realizada por quem trabalha nos vinhedos, e também pelas cooperativas, por outros produtores ou por negociantes responsáveis pelo processo de comercialização. Na França, em alguns casos há, por exemplo, a figura do *courtier*,[4] uma espécie de agenciador dos vinhos, que degusta e acompanha as produções a fim de indicar aos negociantes os produtos mais adequados às suas clientelas. A definição da qualidade do vinho, portanto, se constrói "a quatro mãos" ao longo de sua cadeia produtiva, o que costuma originar produtos bem diferenciados.

Caberá, portanto, aos diferentes formatos do varejo nacional ou internacional (importadores) apreender a qualificação do produto com o qual trabalham, fazer suas ponderações de acordo com o que é valorizado em seu contexto de venda, submetê-lo a críticos e formadores de opinião que podem se pronunciar publicamente em seu favor, etc. Em cada uma dessas etapas, a qualidade antevista poderá ser confirmada ou ganhar novos contornos, de acordo com quem a avalia e, assim, recomenda-se ao consumidor um determinado vinho em uma loja, rede social restaurante, etc.

---

[4] Disponível em: http://courtiersenvin.com/index.php. Acesso em 27-12-2014.

Para dar legibilidade aos bens singulares e funcionalidade ao mercado, foram criados vários dispositivos para orientar a escolha do consumidor, como, no caso do vinho, as notas de degustação, as descrições do rótulo, as medalhas em concursos, as denominações de origem, etc. A figura do representante, do importador e do *sommelier*, por exemplo, é, bem como as revistas e os sites especializados no assunto, fundamental para criar e sustentar o mercado.

A economia da qualidade de Karpik, contudo, não se aplica totalmente a todos os consumidores de vinho, como aqueles para os quais o preço pode ser determinante para comprar ou não o produto. Isso acontece porque, sob a ótica dessa economia, quanto mais raro e caro, mais o vinho se comporta como um bem singular, ou seja, "a busca do 'bom' produto funda a primazia da concorrência pelas qualidades sobre a concorrência pelos preços"(Karpik, 2007, p. 42). Nas categorias mais confiáveis de avaliação, como os *crus*[5] franceses, por exemplo, um vinho pode justificar um preço inicialmente impensável para esse tipo de produto.

---

[5] *Cru*, em francês, designa um vinhedo especial, voltado à produção dos mais renomados vinhos de uma determinada região. O termo é utilizado no mercado para definir os melhores vinhos que, em certas áreas, são assim classificados oficialmente. Contudo, *cru* também é utilizado no senso comum para designar um grande vinho, com ótima qualidade.

A incomensurabilidade da qualidade

A discussão sobre a qualidade do vinho não é simples, tampouco consensual. Para que os critérios e os pareceres especializados não se tornem anacrônicos e pouco sintonizados com o mercado, o ideal seria incluir na concepção as várias personalidades que, na prática, fazem de tudo para atestar a qualidade de um vinho, afinal, consumidores, revendedores e especialistas reúnem dados sobre a origem, o transporte, o armazenamento e o sabor do vinho em variadas situações nas quais o produto será testado. Chegar a uma noção de qualidade mais abrangente do vinho demanda, portanto, um trabalho de precisar melhor os critérios de sua avaliação, como algo que resulte de uma construção cultural e social revisitada e atualizada pela ação e reflexão coletiva daqueles que estão envolvidos na sua produção e no seu consumo.

Os pareceres especializados como notas ou premiações têm, por um lado, a vantagem de orientar as escolhas do consumidor, mas, por outro, têm o problema de sintetizar demais a complexidade e a relatividade das avaliações, podendo induzir muitos dos que trabalham no ramo ou consumidores a fazer críticas reducionistas ao produto. Isso se nota, sobretudo, em novos mercados, como o brasileiro, no qual os consumidores, em geral, não têm um conhecimento profundo sobre vinhos, razão pela qual o consumo acaba se dando pela memorização desses indicadores.

A criação das denominações de origem ou indicações geográficas para produtos agroalimentares teve uma importante função de valorização de outros aspectos produtivos e culturais menos evidentes do que o sabor dos produtos, no entanto, deverá ser também cruzada pelas tendências do ágil e volátil consumidor contemporâneo, tornando-se um mecanismo atualizado e crível de regulamentação do mercado.

Na atual condição do mercado de vinhos, conceitos isolados de qualidade não bastam para satisfazer consumidores mais maduros e críticos, que levam para o consumo suas questões ideológicas e são pouco fiéis às marcas. Para esse público, priorizar apenas o sabor ou a regulamentação protetora da diversidade regional não é suficiente, ou seja, padrões e gurus ajudam a funcionalizar o mercado, mas também se tornam obsoletos caso não passem pelo crivo das redes de consumo coletivas e suas distintas aspirações. Chegar às equações cruzadas mais razoáveis para agregar interesses sociais, políticos, econômicos e ambientais é, portanto, o ideal nesse segmento de mercado.

Se a qualificação passa a ser feita pela correspondência que há entre um produto e um padrão gustativo específico inaugurado por preferências personalistas, como acusam fenômenos similares à "parkerização do gosto",[6] perdemos de vista a importância de se ter o produto ou o sabor local como um bem de expressão, de afirmação identitária e de transformação cultural do

---

[6] Expressão advinda da influência central da avaliação gustativa concedida pelo norte-americano Robert Parker aos vinhos contemporâneos que, quando bem avaliados segundo a sua preferência pessoal, alcançam altos valores no mercado, o que faz com que muitas produções atuais se pautem em seu gosto para alcançar êxito no mercado internacional.

homem em seu meio, sem contar outras implicações políticas e econômicas que favorecem a criação de monopólios corporativos com finalidade explicitamente exploratória de todo um processo produtivo.

Na França, por exemplo, alguns especialistas acreditam que algumas mudanças instituídas pelas produções mais contemporâneas violam a noção de *terroir*, prejudicando a diversificação e as particularidades dos vinhos. No continente europeu, onde o vinho tem um largo contexto histórico, há atualmente uma preocupação especial com a necessidade de evitar o uso abundante de vários mecanismos de controle de produção, como os químicos de prevenção contra pragas na viticultura, a intensiva mecanização para acelerar as etapas de produção ou a adição de substâncias para se implementar artificialmente um determinado sabor.

Finalmente, a qualidade é um conceito multidimensional, e os produtos que a têm como tema central do seu discurso, que dependem dos seus indicadores para a criação de valor e que têm na experiência uma extensão de sua qualificação, são também produtos desafiadores no intento da compreensão de sua qualidade, como o caso do vinho. No próximo capítulo, conheceremos um pouco da história do vinho, buscando identificar suas principais bases de qualificação ao longo das gerações, em diferentes lugares e contextos nos quais esteve inserido.

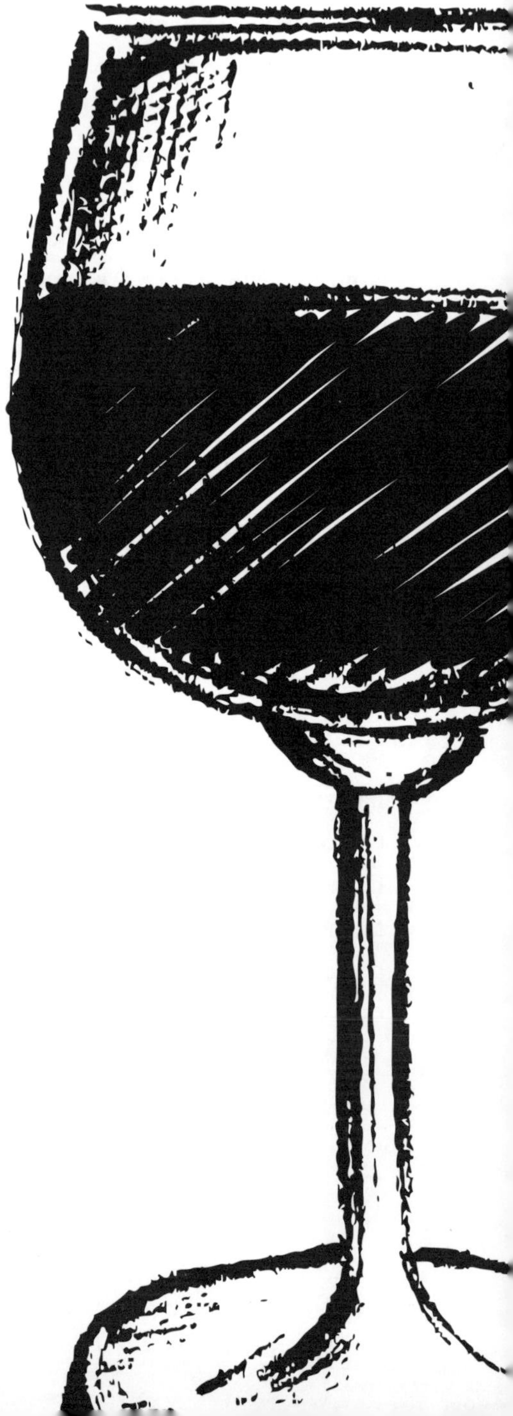

Evolução e transformação da qualidade dos vinhos

No paraíso, dizem, huris te seduzem.
Há regatos de vinho, de leite e de mel.
A esperar, eu prefiro ter vinho na taça:
Vale mais a certeza do que mil promessas.

OMAR KHAYYAM (1999)

De acordo com os registros históricos e traços arqueológicos, o vinho existe há cerca de oito milênios. Não é um produto tão antigo quanto a cerveja, mas esteve presente em várias regiões e civilizações, a começar pelas do Crescente Fértil, do Oriente Médio, da Mesopotâmia, do Egito, da Grécia e da Roma até alcançar, mais tarde, outras do Velho e do Novo Mundo. Ao longo de sua existência, foi objeto simbólico de religiões e ritos e, também, de literatura, filosofia, ciências da saúde, artes, geografia e gastronomia. Por essa razão, em países como a França, em que integra um mercado expressivo, o vinho é objeto de pesquisas e discursos dessas diversas áreas do conhecimento.

As noções de qualidade que o permeiam também se determinam, portanto, a partir dos significados históricos e qualitativos que o vinho mobiliza em cada cultura, época e local nos quais está inserido ou já se inseriu. Como consequência disso, quase sempre o fator qualidade não está associado apenas às preferências estéticas e sensoriais, em si mesmas já tão variáveis, mas sim aos princípios éticos, morais, econômicos e sociais presentes em um dado contexto.

Nesse sentido, serão apontados neste capítulo alguns valores aos quais o vinho esteve associado ao longo do tempo em seus principais mercados. Como veremos, muitos desses valores podem ser considerados arquetípicos, já que perduraram em sua essência, apresentando-se com distintas roupagens ao longo do tempo, pelo que também serão apontados os modos de consumo da bebida e as preferências vigentes em determinados períodos e regiões, afinal são esses os aspectos que nos permitem perceber o quão variável podem ser os gostos e as noções de qualidade que o acompanham.

Antiguidade: vinho, Dioniso e filosofia

Segundo Pitte (2012), na Mesopotâmia de 3000 a.C. o vinho não gozava do mesmo *status* da cerveja, feita de cereais, assim como o pão. A cerveja, mais antiga, era tida como uma divindade ("a dama que enche a boca"), e o vinho, mais raro e caro, era apelidado de "cerveja das montanhas". Assim, nos banquetes dos monarcas, a bebida despejada dos vasos em várias rodadas para impressionar os aristocratas era o vinho e, em muitos casos, estava associada aos deuses, razão pela qual bebê-la não deixava de ser uma incorporação de deidades pelo homem. Nota-se, então, que desde as origens o traço de produto mais raro, caro e nobre esteve associado ao vinho, assim também como sua propriedade mística e ritualística, presente de forma ambivalente nas futuras civilizações.

Na história do povo judeu – cuja origem é atribuída às tribos seminômades da Mesopotâmia –, após o dilúvio a oliveira e a videira aparecem como as primeiras plantas do Novo Mundo e, por isso, estão associadas à fertilidade. O vinho, produto derivado de uma delas, acaba, então, por ter um significado relacionado à reprodução da vida e à noção de sexualidade que a desinibição causada pelo seu consumo pode gerar de modo construtivo ou não, sendo interpretado como elemento sagrado desde que o seu consumo moderado não transponha os limites de um impulso domesticado, defendido de uma possível perversidade.

A saga de Ló, filho de Harã e sobrinho de Abraão, descreve a linha tênue desse caráter ambivalente do vinho. Suas filhas, vendo que ele estava idoso, embriagam-no de vinho para que ele as possuísse inconscientemente e gerasse, assim, descendentes de sua linhagem. Apesar de terem cometido um pecado, foram absolvidas porque usaram um recurso ilícito para um bem maior. A vinha e os seus frutos passaram a ter, portanto, um lugar sagrado no templo de Jerusalém (Pitte, 2012).

O vinho que preservava o *status* honorífico acaba por ser, então, aquele que era ingerido por alguém controlado e disciplinado, o que o permitia estar nas mesas dos deuses, intelectuais, nobres e iluminados que não se abalavam por sua condição alcoólica. Esse atributo da moderação é também um dos que acompanhará aqueles que consomem o vinho ao longo de várias gerações posteriores.

A Grécia também fazia um culto especial ao vinho – símbolo de aliança entre os deuses e o Homem. Dioniso é o deus do vinho e, tal como ele, uma figura ambivalente: filho de um deus (Zeus) e de uma humana (Sêmele), é metade homem e metade deus, responsável pela vida, pela fertilidade e, ao mesmo tempo, também pelo descontrole, pela sexualidade e pela violência (Kerényi, 2002).

Nessa sociedade, o vinho estava associado também à filosofia, pois o seu consumo dava-se em rituais como os *symposia*, encontros de intelectuais compostos por banquetes e vinhos diluídos em água e bebidos nos divãs após as refeições. Nessas ocasiões, acreditava-se que a essência do homem e da verdade, e a inspiração do pensamento iluminado manifestavam-se por meio do consumo moderado do vinho.

Em Roma, Baco é a versão romana de Dioniso e o *convivium* equivale ao *symposium*. Em muitas cerimônias que já contavam com essa bebida mais nobre, o consumo do vinho era um fator de distinção social; assim, três categorias eram servidas em garrafas distintas, segundo a posição hierárquica do convidado (Strong, 2004).

Durante a bacanal, versão romana dos ritos dionisíacos gregos, havia um abusivo consumo de vinhos, danças e orgias. Contudo, fora dessa transgressão "autorizada", gregos e romanos recomendavam o consumo moderado da bebida, razão pela qual seus vinhos tinham baixo teor alcoólico (eram constituídos por 50% ou mais de água). Beber vinho puro era signo de brutalidade e de descontrole ao passo que sua leveza demonstrava refinamento (Pitte, 2012).

Expansão: o vinho e suas primeiras inscrições

Segundo Strong (2004), o interesse pelo bom vinho teve início no último século da República Romana, em 121 a.C., quando seus apreciadores perceberam que a bebida ficava melhor se reservada por um período de cinco a quinze anos. Com a expansão do Império Romano pelo ocidente, a viticultura também expandiu-se e tornou-se um símbolo da romanização do mundo, assim como a língua latina. O próprio cristianismo integrava, inicialmente, elementos dos rituais dionisíacos, da cultura grega e da judaica, tendo Dioniso sido substituído pela figura de Cristo mais tarde e o vinho ressignificado como símbolo do sangue, da vida e também do amor.

Com a expansão do Império Romano, o vinho alargou suas fronteiras e foi absorvido também pela cultura dos povos bárbaros, que subverteram a associação do vinho com o divino e também o hábito do seu consumo moderado. Durante o contato entre esses dois povos houve uma mescla de regimes alimentares, pois a dieta bárbara não se baseava em produtos advindos da agricultura, como a romana, mas sim da criação de gado e da caça. Ao contrário da dieta mediterrânea baseada em pão, óleo e vinho, a bárbara baseava-se no consumo de carne, leite e manteiga, sendo a carne um atributo de poder da nobreza feudal e o vinho, agora parte dessa cultura, a bebida das classes altas.

Com o passar do tempo o vinho passou a ser consumido em maior quantidade em algumas regiões, como as povoadas pelos gauleses, chegando às vezes a suplantar o consumo de cerveja. No entanto, apesar de haver se popularizado, as hierarquias dos *crus* que existiam desde os cultos greco-romanos permaneceram e, com elas, as distinções entre o produto e o consumo de qualidade eram visíveis, por exemplo, nas ânforas de *crus* sinalizadas com a indicação de sua procedência e safra. Por volta do século IV, o falerno, produzido nas casas de Venâncio (Campânia) e no porto de Nápoles, era considerado o melhor *cru* do Império Romano. Essas distinções passaram crescentemente a existir e a estabelecer uma hierarquia qualitativa dos vinhos, lógica que ainda continua dominante neste mercado (Johnson, 1999).

Em termos de características organolépticas, os vinhos de qualidade eram, na Mesopotâmia, os doces e, os comuns, os secos e ácidos. Nessa região, era usual a adição de mel na hora do consumo:

> OS VINHOS JOVENS DA ANTIGUIDADE SÃO DE COR CLARA, POR SEREM APENAS ESMAGADOS E NÃO MACERADOS. COM O TEMPO, ELES ESCURECEM SOB A AÇÃO DO ENVELHECIMENTO, DA OXIDAÇÃO E DO ACRÉSCIMO DE SUBSTÂNCIAS, COMO AROMATIZANTES, CONSERVANTES (ÁGUA DO MAR OU SAL,

> GESSO, MEL OU MOSTO DE UVA CONCENTRADO POR CO-
> ZIMENTO) [...]. A RESINA FOI LARGAMENTE UTILIZADA
> PARA IMPEDIR A FORMAÇÃO DE ÁCIDO ACÉTICO. ISSO
> VINHA A AFETAR O GOSTO DO VINHO DE MODO IN-
> TRUSIVO, EMBORA PUDESSE NÃO SER VISTO DE FORMA
> PEJORATIVA, ASSIM COMO ACONTECE, ÀS VEZES, COM
> O CARVALHO EXCESSIVO E SUAS NOTAS DE BAUNILHA.
> (PITTE, 2012, P. 73)

A região da Pérsia chamada Shiraz, atualmente a parte oeste do Irã, é considerada um dos locais de origem do vinho, que já contou com um consumo de até 5 ℓ diários da bebida. Nesse local, o vinho estava associado ao poder e à tomada de decisões, razão pela qual a corte o consumia inescrupulosamente. A paixão pelo vinho foi mais tarde limitada pela conversão ao islamismo, que, embora o vetasse na Terra, previa a liberação de seu consumo no paraíso de Alá. Na tradição islâmica, o vinho é interpretado como um elemento de transgressão ligado ao erotismo e, às vezes, seu consumo é justificado como um ato místico de fusão com Deus ou é praticado por transgressores assumidos, como o poeta Omar Khayyam (Pitte, 2012).

Na literatura, encontramos uma coletânea de letrados apaixonados pelos vinhos. Citada em romances, ensaios e poemas, essa bebida muitas vezes ocupou-se de ser não apenas um elemento secundário nas obras, mas de protagonizar as mais variadas metáforas que dão vazão às sensações e aos sentimentos exprimidos por alguns autores. Como já diria Borges (1969): "o vinho flui rubro ao longo das gerações" e, como lembra o cientista Louis Pasteur, "há mais filosofia numa garrafa de vinho do que em todos os livros" (Pasteur *apud* Piat, 2010, p. 61).

Das parábolas bíblicas aos sofistas, aos *rubaiyats* de Omar Khayyam, aos aconselhamentos afetivos de Ovídio, às odes de Ricardo Reis ou ao livro *Do desejo*, de Hilda Hilst, o vinho foi e continua sendo inúmeras vezes citado em obras literárias. Um dos escritores que reservou significativo espaço a essa bebida em sua obra foi o poeta e crítico literário francês Charles Baudelaire; em algumas de suas obras, o vinho funcionou como tema literário, objeto de observação e investigação.[1]

Dos seus sete livros, o vinho foi abordado especialmente em *As flores do mal* (1995), nos poemas "A alma do vinho", "O vinho dos trapeiros", "O vinho do assassino", "O vinho do solitário" e "O vinho dos amantes", em que se mencionam os humores que a bebida pode despertar nos que a consomem. No ensaio "Do vinho e do haxixe", parte da obra *Paraísos artificiais* (1982), o autor compara os efeitos do vinho e do haxixe e sinaliza que o consumo da bebida, contrariamente ao do haxixe, que nos envolve em um estado de fuga da realidade e de isolamento, tem um caráter extremamente sociável e agregador:

> MOSTRAREI OS INCONVENIENTES DO HAXIXE, CUJO MENOR DEFEITO, APESAR DE TODOS OS TESOUROS DE BENEVOLÊNCIA DESCONHECIDOS QUE ELE FAZ GERMINAR APARENTEMENTE NO CORAÇÃO OU CÉREBRO DO HOMEM, E DE SER ANTISSOCIAL, ENQUANTO O VINHO

---

[1] Disponível em: http://michel.balmont.free.fr/pedago/baudelaire_vin/. Acesso em 12-2-2015.

É PROFUNDAMENTE HUMANO E OUSARIA DIZER QUASE HOMEM DE AÇÃO. (BAUDELAIRE, 1982, P. 109)

Para a aristocracia celta e ibérica, o vinho era uma bebida exótica, de "novos ricos" e sem caráter sagrado. Com a expansão romana, os bárbaros trocaram a cerveja e o hidromel pelo vinho, aderindo, assim, à vitivinicultura, vista como um ato de civilidade proveniente da colonização romana. Essa noção da vinicultura como um processo civilizatório está ainda muito presente nos discursos de produtores do Velho Mundo, mas está especialmente associado às produções que visam mais à qualidade do que à quantidade, como na distinção entre os vinhos de mesa e os vinhos finos: os mais qualificados são comparados às obras das artes clássicas, os mais populares são associados a um consumo mais corriqueiro.

A popularização do comércio do vinho pela Ásia foi impedida pelas monções até o final do século XX, de forma que, nessa região, o acesso à bebida só era possível às altas classes, que a importavam para consumo próprio. Além dessa questão, é sabido que grande parte das religiões predominantes na Ásia (paganismo himalaico, taoísmo chinês, xamanismo mongol e coreano, e xintoísmo japonês) tem o arroz como alimento sagrado, do qual é possível obter bebida fermentada, consumida predominantemente com o chá, que é usado em abundância no ritual budista. Registros apontam preferência pelo consumo de cerveja e de álcool destilado a partir do arroz e de outros cereais. Foi necessário aguardar até meados do século XIX, no Japão, e do século XX, na China, para que o vinho começasse a ser consumido de forma mais regular, geralmente associado à sofisticação, com surpreendente avanço em termos de produção e consumo nos últimos vinte anos (Pitte, 2012).

A Idade Média e o legado cristão

A passagem do paganismo greco-romano ao cristianismo reforçou o *status* religioso e cultural do vinho, que passou a ser cultuado nos bispados e nas abadias da Idade Média. Até o século XII, o vinho era servido na comunhão e, a despeito do consumo moderado *per capita*, a produção deveria suprir as cotas permitidas para cada cristão.

Os primeiros bispos escolheram regiões mais propícias à vitivinicultura para se instalar, como Dijon, na Borgonha. Nesse contexto, os mosteiros beneditinos tinham de prover suas necessidades e cada monge tinha o direito de consumir diariamente a quantidade de meio sesteiro (30 cℓ) de vinho. Dessa forma, tidos como uma dádiva divina, nas mãos dos monges beneditinos os vinhos se refinaram e adquiriram mais qualidade, passando a servir de modelo, em termos de técnicas de produção e *finesse* organoléptica, para as demais regiões da França (Pitte, 2012).

Um dos desafios produtivos da época era a fácil degeneração do produto, que só veio de fato a ser resolvida mais tarde pelas pesquisas de Pasteur sobre a oxidação do vinho. No Oriente, resolvia-se o problema acrescentando resina, ervas e mel à bebida; no Ocidente, o esmagamento das uvas com os pés e a falta de antissépticos fazia com que o vinho azedasse com mais facilidade, e sua conservação fazia-se crescentemente em barricas e tonéis.

Na Alta Idade Média, o vinho era o resultado perfeito de uma aliança entre os significados que lhe foram atribuídos pelas diferentes civilizações da Antiguidade e o refinamento tecnológico alcançado no período seguinte, o que lhe conferiu um *status* privilegiado como bebida de qualidade. Já não havia nessa época o conflito entre suas conotações religiosas e profanas, pois a bebida era considerada uma fonte de saber, prazer e poder, como nos faz notar sua presença na mesa festiva familiar, indicada em vários cenários italianos e franceses retratados: havia o consumo que autorizava a fruição no âmbito de um ritual sacramentado pela religião cristã e era civilmente institucionalizado pela sociedade ao mesmo tempo. Nesse contexto, o consumo do pão – um par inseparável da memória do vinho (Barthes, 1999) – associava-se diretamente a ele, tal como vemos retratado em telas do mundo inteiro.

As rotas dos vinhos

A partir do Renascimento, com a expansão marítima e a abertura de novos mercados, a concepção do consumo do vinho acabou por perder parte do seu apelo sagrado e passou a sofrer interferências mais concretas de quem o comercializava e consumia em maior quantidade. Essas influências foram claramente perceptíveis no perfil de consumo de algumas regiões, como na França, onde por muito tempo o vinho branco, associado à referência exemplar da Borgonha pelo aperfeiçoamento da vitivinicultura monástica, era considerado nobre. O clarete, um vinho com coloração vermelho-clara (entre o tinto e o *rosé*) produzido em Bordeaux, era o preferido do mercado inglês (Johnson, 1999), cujas relações com a França foram impulsionadas pelo casamento, em 1154, da Duquesa Eleanor da Aquitânia e o então futuro rei da Inglaterra Henrique Plantageneta, que concederam privilégios fiscais à região produtora desse vinho.

O vinho tinto, hoje o favorito da produção mundial, era predominantemente consumido no sul da França (Madiran, Cahors, Languedoc) e por muito tempo foi considerado um vinho menor, associado à excessiva tanicidade, à produção quantitativa, à falta de controle da origem, etc. As próprias condições climáticas da região em que era produzido favoreciam o seu perfil tinto, chamado de *vin noir*, e as difíceis condições do mercado prejudicavam a sua imagem, já que sempre era preterido em relação aos claretes de Bordeaux.

A região de Bordeaux seguiu em condição comercial privilegiada pelos séculos seguintes a despeito de guerras e bloqueios comerciais com a Inglaterra, pois essa e outras regiões estabeleceram uma forte relação comercial com a Holanda. Após a Era dos Descobrimentos e o estabelecimento dos impérios coloniais, os que dominavam o transporte naval prosperaram e, no século XVII, os negociantes holandeses exerceram grande influência no mercado e nos rumos da vitivinicultura europeia por comercializarem vinhos nas ricas cidades holandesas da época e, também, por intermediarem as relações entre o pequeno negócio agroalimentar regional e o além-mar (Phillips, 2003).

Os vinhos mais adocicados eram os preferidos dos holandeses e a região de Sauternes (França), produtora de um dos vinhos licorosos mais reconhecidos mundialmente, desenvolveu-se muito graças à produção dessa variedade da bebida. Outras foram as produções que avançaram e estilizaram seus vinhos em função do mercado britânico e holandês, como as regiões de Porto e Madeira (Portugal) e Jerez (Espanha).

A cidade do Porto era o ponto de partida da rota de comércio de um vinho tinto mais encorpado e resistente do que os magros e adstringentes da região do Minho aos quais, para suportar as longas viagens, acrescentava-se aguardente vínica. A influência e parceria inglesa na região do Porto é visível pelos nomes das marcas dos vinhos – Graham's, Sandeman, Taylor's, etc. – e pelo nome das variedades que os distinguem – Tawny, Ruby, Vintage, Late Bottled Vintage – de acordo com seus métodos de elaboração.

A relação comercial entre os britânicos e a região do Porto desenvolveu-se especialmente no momento em que as trocas comerciais com a França foram abaladas, tendo sido definitivamente impulsionada pelo incentivo fiscal garantido no Tratado de Methuen, assinado por Marquês de Pombal em 1703 (Johnson, 1999). Os vinhos eram produzidos nas encostas íngremes e rochosas da região do Alto Douro e, em razão das longas distâncias e dos terrenos selvagens e montanhosos, o seu transporte até à cidade do Porto, na costa litorânea, era feito em barcos rabelos via rio Douro;

do Porto, grandes embarcações levavam os vinhos até a Inglaterra. A produção do vinho do Porto é feita, até hoje, nas proximidades da cidade de Peso da Régua, a cerca de 100 km da cidade, onde está instalada grande parte das caves que armazenam os vinhos antes que eles sejam comercializados.

Os vinhos Jerez e Madeira beneficiaram-se do mercado colonial em que, mais uma vez, os ingleses tiveram importante papel como agenciadores. Entre os séculos XVII e XIX, os vinhos produzidos nessas regiões evoluíram muito em relação às tecnologias de produção e à criação de recursos que facilitavam o seu transporte, armazenamento e consumo (Larousse do Vinho, 2004).

Dentre os aprimoramentos da época está a "mecha de enxofre", criada pelos negociantes de Porto nos Países Baixos, em 1765. Impregnada de enxofre, ela era queimada nos barris para desinfetar a madeira, pois já se havia notado que a assepsia era um ponto importante para a conservação do vinho. Nessa altura também foi descoberto que os vinhos mais tânicos, licorosos e com maior teor de álcool eram os que se conservavam melhor, de modo que essa propriedade foi entendida como ponto fundamental para a longevidade e a evolução de alguns vinhos.

A especialização do produto

Na história do vinho há registros de três principais itens utilizados para o seu acondicionamento: a ânfora de barro, o tonel e a garrafa. De acordo com os vestígios arqueológicos, as ânforas eram utilizadas no Cáucaso, na Mesopotâmia, e na Anatólia desde 5000 a.C., e as inscrições nelas encontradas, que sinalizam suas origens e as safras, sublinham a importância da vitivinicultura desenvolvida na Grécia e em Roma e também a influência que tiveram durante a expansão para a Europa Ocidental, proveniente dos avanços do Império Romano (Pitte, 2012).

Os tonéis de origem gaulesa substituíram progressivamente as ânforas, pois eram mais leves, roláveis e facilmente transportáveis no dorso de animais, de modo que ao longo da Idade Média, de norte a sul, compuseram o cenário das primeiras grandes cidades mercantis europeias (Larousse do Vinho, 2004). Aos poucos, a utilização direta dos tonéis para consumo foi substituída pelas garrafas, restringindo seu uso ao armazenamento dos vinhos nas cantinas, onde era possível reservar mais de 1.000 ℓ da bebida. Atualmente, os tonéis ainda estão presentes em cantinas mais tradicionais ou na parte antiga de muitas vinícolas já modernizadas, que passaram a adotar as barricas de carvalho para envelhecimento dos vinhos com capacidade para 225 ℓ.

As garrafas de vidro tiveram origem em Veneza (Bouneau & Figeac, 2007), onde os romanos desenvolveram a técnica de fabricação do vidro por meio do sopro de cilindros. No entanto, até o século XVII foram pouco utilizadas em função do alto custo. Inicialmente as garrafas eram protegidas com vime e palha, depois ganharam mais espessura e tornaram-se mais escuras, o que garantia melhores condições de conservação do vinho, além da possibilidade de armazená-lo horizontalmente. No entanto, somente no século XVIII, com a invenção do forno de carvão inglês, o vinho passou efetivamente dos tonéis às garrafas mais resistentes e apropriadas para seu transporte e armazenamento. Mesmo assim, apenas no século XIX os vinhos destinados à exportação passaram a ser engarrafados no local de produção.

A partir desse momento, houve uma espécie de regionalização dos formatos das garrafas, algo que ainda persiste na Europa, especialmente na França. Alguns padrões, no entanto, acabaram por se internacionalizar. Pitte (2012) mostra, por exemplo, alguns aspectos identitários exprimidos pelos formatos das garrafas que são bem interessantes, como a borgonhesa, a primeira delas: com ombros caídos e flanco largo, é arcaica e rústica – à moda dos borguinhões, muito arraigados em sua cultura – e dispensa a decantação, coisa rara na própria região, pela própria magreza em taninos dos vinhos da Pinot Noir.

A bordalesa, um formato posterior, teve seu primeiro modelo lançado em 1825 e buscou diferenciar-se da cultura regional francesa. É mais moderna, elegante, facilita a estocagem em pilhas e o acondicionamento em docas de madeira, já que o vinho proveniente da região de Bordeaux sempre foi de exportação. Pela necessidade de decantação, em função da maior concentração de taninos polimerizados, a bordalesa permite que os depósitos de vinho sejam retidos pelos ombros pronunciados das garrafas.

Há ainda a flauta-renana, usada para armazenamento dos vinhos da Alemanha e da região da Alsácia. Essa garrafa tem espessura fina, maior transparência e seu formato lembra as torres e os campanários das catedrais do norte da Alemanha, remetendo à tradição dessa região e traduzindo a delicadeza dos vinhos brancos que nela predominam.

A especialização e a regionalização das garrafas é um fenômeno posterior à já existente regionalização do vinho em diferentes países e sub-regiões. A França, por exemplo, foi solidificando a sua vocação de referência mundial da vitivinicultura por meio de um estudo aprofundado da adaptação das cepas aos seus aspectos geofísicos e às técnicas de manejo, que deram origem ao conceito de *terroir* como referência da vitivinicultura de excelência integrada à origem:

> UM ESPAÇO GEOGRÁFICO DELIMITADO, ONDE UMA COMUNIDADE HUMANA CONSTRUIU AO LONGO DA HISTÓRIA UM SABER INTELECTUAL COLETIVO DE PRODUÇÃO, FUNDADO EM UM SISTEMA DE INTERAÇÕES ENTRE O MEIO FÍSICO E BIOLÓGICO, E UM CONJUNTO DE FATORES HUMANOS, NOS QUAIS OS ITINERÁRIOS SOCIOTÉCNICOS COLOCADOS EM JOGO REVELAM UMA ORIGINALIDADE, CONFEREM UMA TIPICIDADE E ENGENDRAM UMA REPUTAÇÃO PARA UM PRODUTO ORIGINÁRIO DESTE *TERROIR* E PARA OS HOMENS QUE O HABITAM. OS *TERROIRS* SÃO ESPAÇOS VIVOS E INOVADORES, QUE NÃO PODEM SER ASSOCIADOS APENAS À TRADIÇÃO. (FANET, 2007)

O *terroir* é um conceito que denota a aliança entre o homem, a natureza e a sociedade na produção de um bem que, guardadas as devidas proporções de uso, sela o rito familiar e inspira os bem-aventurados e abastados a ter prazer, saúde e poder. Esse conceito atualiza os arquétipos sagrados do vinho como um produto divino, caro e raro, fruto de uma determinada civilização e voltado para o consumo de qualidade mais do que de quantidade. O mesmo conceito se estende a outros produtos agroalimentares como o queijo, mas é a respeito do vinho e na França que ele melhor se expressa tomado quase como uma extensão do *savoir-faire*[2] e do *savoir-être*.[3] O francês encarna a sua identidade nos vinhos de seu *terroir*, que acompanhará sua *expertise* gastronômica.

Luzes e glória do vinho

Na primeira metade do século XIX, a arte de fazer um *cru* já havia se desenvolvido, mas ainda não existia um registro que tivesse solidificado essa condição. Nessa altura, no entanto, a produção de Bordeaux já estava madura o suficiente para se afirmar como uma das de maior qualidade do mundo, uma vez que sobreviveu às restrições consequentes do Bloqueio Continental determinado pelas pretensões imperialistas de Napoleão

---

[2] Ao pé da letra, "saber fazer", em português: a expressão original é muito utilizada pelos franceses para referir-se a um domínio de técnicas sobre alguma produção/profissão adquirido ao longo de práticas e transmitido culturalmente.

[3] "Saber ser", português. Trata-se da capacidade para agir e reagir de modo adaptado à sociedade e ao meio ambiente. Entende-se como uma atitude complementar ao "saber fazer". Assim, o *savoir-être*, é uma competência física e psíquica utilizada para adquirir conhecimentos, enquanto o *savoir-faire* é uma competência prática para desenvolvê-lo.

Bonaparte. Os próprios franceses resistiram a esse embargo imposto por Napoleão e, em 1815, com o final das guerras, o clima era de otimismo e prosperidade no país, pois a França detinha 40% da produção mundial de vinhos qualificada em dois tipos: os vinhos *premium*, encabeçados por Borgonha e Bordeaux, destinados aos mercados de luxo e ao exterior, e os vinhos ordinários, produzidos em grande quantidade para suprir os mercados locais. O consumo aumentava seguindo o ritmo da urbanização e da industrialização (Johnson, 1999).

Nessa época, começaram a surgir instâncias e instrumentos para detectar o mercado dessa nova sociedade urbana de consumo, bem como a preocupação com as distinções entre os vinhos, em um clima de maior concorrência. Nesse contexto, surge a figura do *courtier* que, aos poucos, estabelece hierarquias dentro do mercado a partir de um consenso confidencial do setor, que lança as bases para a criação da Classificação Oficial dos Vinhos do Médoc e Graves, em 1855. Promulgada internacionalmente na Grande Exposição de Paris, a classificação dos *crus* de Bordeaux, nesse ano, consagra um total de 58 vinhos tintos e 26 vinhos brancos em cinco categorias, classificação essa que persiste até os dias atuais.

Do outro lado da França, na costa leste, outro acontecimento anunciava os ventos da modernidade do vinho. Em Arbois (Jura), entre os anos 1854 e 1862, o cientista Louis Pasteur desenvolveu pesquisas junto à produção de vinhos e cervejas para investigar a rápida deterioração desses produtos. Sua pesquisa concluiu que certas bactérias azedavam as bebidas, por isso ele propôs que elas fossem aquecidas para matar as bactérias e depois reservadas em cubas para evitar novas contaminações. Esse método deu origem à difundida técnica de pasteurização dos alimentos e orientou os procedimentos enológicos adotados para fermentação do vinho a partir de então, resultando em uma maior longevidade do produto (Bouneau & Figeac, 2007).

Ao norte da Borgonha, até fins do século XIX, havia certa predominância da produção de um vinho tranquilo e rosado proveniente da uva Pinot Noir, uma alternativa mais barata aos Borgonha e de um efervescente mais primitivo. O desenvolvimento da produção desse espumante exigiu muitos progressos técnicos, e a pequena produção do início do século XIX era muito variável: parte das garrafas não resistia às fortes pressões do líquido sob ação da levedura e os vinhos que sobreviviam eram, em sua maioria, turvos e apresentavam efervescência insuficiente (Pitte, 2012). Contudo, nem por isso a bebida deixava de apontar a sua vocação aristocrática, pois a pequena produção que sobrevivia era consumida pela nobreza. Luís XIV, Napoleão, os czares russos, Luís XVI e Luís XVIII foram alguns dos célebres consumidores do *champagne* (Phillips, 2003).

Em sua primeira fase de produção, o *champagne* era muito doce, já que as quantidades de licores acrescidos nos momentos da segunda fermentação e da expedição eram maiores. Engarrafamento, transporte, clarificação – o desenvolvimento do *méthode champenoise* deu-se em várias etapas e consagrou alguns personagens desse aprimoramento que, não por acaso, deram nomes às mais célebres marcas de *champagne*.

Nesse contexto, Dom Pérignon percebeu a produção da efervescência do vinho em certas condições e desenvolveu os primeiros avanços para conferir elegância àquela produção entre o fim do século XVII e início do século XVIII; Veuve Clicquot ampliou as fronteiras de consumo do produto e teve fundamental participação no desenvolvimento da clarificação da bebida; Moët, Ruinart e Roederer foram produtores pioneiros, entre outros (Phillips, 2003).

Entre os tantos que existem, talvez o champagne seja o vinho francês consagrado que mais une tradição e modernidade, *savoir-faire* e tecnologia, *terroir* e marca. Essas dualidades que, em alguns casos, poderiam se tornar incompatíveis fundamentam, de certo modo, a essência do *champagne*, um vinho que nasce a partir do aperfeiçoamento tecnológico dos procedimentos de elaboração para agradar o paladar e os olhos. Mais do que um produto típico e identitário, o consumo do *champagne* está associado ao glamour, à aparência e ao perfeccionismo técnico. Assim, desde que se consagrou e manteve seu preciosismo produtivo ao lado de um marketing agressivo e protecionista, tornou-se um dos produtos vitivinícolas franceses mais agraciados no mercado internacional, independentemente do seu preço.[4]

O *champagne* e tantos outros espumantes que se consagraram mundialmente, inclusive no Brasil, têm como

---

[4] No Brasil, de acordo com os dados da Uvibra, dentre os espumantes importados, os franceses são os campeões, com 35%, e isso se deve, com certeza, aos *champagnes*. Enquanto que, dentre os vinhos tranquilos (não espumantes) importados, apenas 4,5% são provenientes da França.

característica e qualidade o forte apelo estético-visual pela elegância dos seus *perlages*[5] combinados com taças estilizadas e afinadas com o seu glamour aristocrático. Além disso, têm um efeito orgânico especial, pois diferentemente dos vinhos tranquilos, que combinam muito bem com um clima mais intimista, como um jantar a dois, por exemplo, a concentração de gás carbônico dos espumantes aumenta o efeito do álcool no sistema nervoso, estimulando-o; o açúcar residual, assim como os sais de potássio, excitam o corpo humano, propiciando uma sensação de euforia e descontração quando consumidos. Dessa forma, os espumantes acabam por ser uma bebida festiva, associada à sociabilidade.

O despertar do novo vinho

Enquanto na Europa algumas regiões se consagravam definitivamente pela qualidade de suas produções, o vinho de mesa também estava nas taças dos trabalhadores, que lotavam cada vez mais os centros urbanos da crescente burguesia pós-revolução francesa. Algumas nações do Novo Mundo aderiram ao consumo de vinhos importados e começaram a desenvolver a sua própria vitivinicultura, como os Estados Unidos, que estavam entre os mais prósperos e tinham como incentivador alguns grandes *connoisseurs*, como o político e presidente Thomas Jefferson, além de contar com o legado do colonizador inglês, grande apreciador e comerciante de

---

[5] *Pérolas*, em francês. O termo faz alusão às borbulhas que se desprendem da bebida quando ela é servida em taças.

vinhos. Ao fim do século XIX, o país já produzia e consumia muito vinho, embora seja verdade que talvez já teria se destacado anteriormente não fosse o decreto da lei seca em um momento de grande efervescência da vitivinicultura, entre os anos 1920 e 1933 (Phillips, 2003).

Em contrapartida, na América Latina o progresso da vitivinicultura ocorreu tardiamente, tendo em vista a qualidade ainda inferior da produção ibérica no século XIX e os objetivos distintos do cultivo do vinho. No Brasil e em outros países latino-americanos, a produção inicial da bebida não visava à criação de um mercado forte, mas sim a uma forma de colonização dos nativos por meio das chamadas Missões. Nesse sentido, somente com o incentivo à imigração europeia, sobretudo de famílias italianas e alemãs durante o século XIX, surge o embrião para a criação de um mercado próprio do vinho no país.

Na Cidade do Cabo, a vitivinicultura chegou com os holandeses e teve um progresso significativo em função da exportação do vinho para o mercado inglês; na Austrália, a despeito da colonização inglesa, a bebida não foi tão bem recebida pelos aborígenes, grandes consumidores de rum; na Nova Zelândia, o seu consumo sofreu uma forte oposição da religião anglicana a partir de 1838 (Pitte, 2012).

Os mercados relacionados aos países anteriormente mencionados são os que vivem hoje uma fase de pleno desenvolvimento, aproveitando a institucionalização do *savoir-faire* pela enologia, o desenvolvimento da ciência e das novas tecnologias, e a criação de um nicho de consumo menos arraigado em suas origens.

As raízes do consumo do vinho foram bem estabelecidas pelo Velho Mundo e, além da memória cultural relacionada ao histórico de produção de vinhos, houve um vultoso mercado na região, com grandes investimentos na criação de um bem de qualidade singular. Alguns países europeus, notadamente a França, chegaram à segunda metade do século XIX com o *status* de "berço do vinho de excelência", um verdadeiro bem de luxo com uma pitada de cada um dos outros apelos que trouxe ao longo da história, alguns deles guardados a sete chaves para os bolsos milionários. O vinho de excelência certamente não era o vinho do cotidiano, mas sua aura estendeu-se de certo modo a toda a produção francesa, cujo patrimônio deveria ser resguardado.

No entanto, um acontecimento abalou essa condição hegemônica: a praga do *Phylloxera vastatrix* (Johnson, 1999), um pulgão que chegou à Europa com as uvas americanas, resistentes ao inseto, foi fatal às uvas viníferas. Em pouco tempo vários vinhedos foram destruídos, e o efetivo controle da praga só se deu cerca de duas décadas mais tarde, quando além de ter abalado a economia do vinho, o fenômeno já havia exposto as produções de alta qualidade ao risco da falsificação, já que a notoriedade da bebida garantia a permanência de uma certa demanda que podia, contudo, ser suprida pelas vias ilegais.

O crescimento da circulação dos vinhos falsos no mercado incentivou a criação da Appellation d'Origine Contrôlée (AOC),[6] em 1935, pelo Institut National de

---

[6] Denominação de Origem Controlada.

l'Origine et de la Qualité (INAO),[7] o instituto que orienta, regulamenta, fiscaliza e organiza os signos de qualidade de origem do país e do vinho. Esse órgão é um importante instrumento de regulamentação da qualidade do produto, pois instituiu o *status* de qualidade por meio de elementos que não dizem respeito apenas à sua dimensão material, mas às identidades culturais manifestadas pela bebida.

O sistema de Denominação de Origem Protegida (DOP) foi também desenvolvido em outros países da Europa e segue sendo aplicado em outras nações do Novo Mundo, como no Brasil. A primeira DOP a ser implementada foi a dos vinhos do Porto, em 1756 (Bruch & Fradera, 2011), e foi resultado de uma intervenção do Estado mediante a demanda dos produtores após a queda das exportações do produto ao Reino Unido: o controle de qualidade seria uma medida de proteção à notoriedade alcançada por esses vinhos e asseguraria o mercado.

Para isso, Pombal agrupou os produtores na Companhia dos Vinhos do Porto, demandou a delimitação da zona de sua produção e ordenou que se fizesse um estudo para definir e fixar as características físicas do produto e suas regras de produção, características que permitiram o registro – por decreto – do nome "Porto" para referir-se a uma determinada variedade de vinhos produzida no país.

Contudo, foi na França, quase dois séculos mais tarde, que a qualificação pela origem tornou-se um forte instrumento de regulamentação e proteção da

---

[7] Instituto Nacional das Denominações de Origem, em português.

identidade agroalimentar, começando pelos vinhos. O conceito regulamentador difundiu-se amplamente no mercado, e tornou-se um sinalizador notório da qualidade dos vinhos. Uma AOC, atualmente denominada DOP pelos países da União Europeia, indica, por exemplo, que um produto advém de determinada área, solo, clima, variedades de uvas e que obedece a certos requisitos de produção instituídos legalmente (porcentagem mínima de álcool, quantidade e distribuição das vinhas por hectare, métodos de poda, produção e condições de vinificação). Há ainda nesse sistema de atribuições uma outra categoria, a Indicação Geográfica Protegida (IGP), que indica especialmente a origem do vinho e reconhece a reputação pela especialização em um tipo de produção, sem entrar em muitas demarcações do processo de produção.

Esse sistema, já bem desenvolvido na realidade francesa, apresenta-se incipiente em mercados como o brasileiro. São instrumentos entendidos teoricamente como convenções de qualidade (Wilkinson, 2008) que vêm fiscalizar as práticas do mercado concorrencial, protegendo instâncias da produção, da comercialização e do consumo da predominância de uma lógica generalista de produtividade.

O primeiro passo para tomada de medidas de apoio ao setor dos vinhos em nível internacional e, também, de coibição das falsificações foi a criação da Organização Internacional da Vinha e do Vinho (OIV), em 1924, antes denominada Instituto Internacional do Vinho (International Wine Office). Inicialmente integrada por oito países europeus, a organização conta atualmente com a participação de 46 países.[8] A expansão do mercado do vinho nos Estados Unidos, abafada anteriormente pela lei seca, teve grande impulsão décadas à frente e, ainda na primeira metade do século, surgiu a primeira escola de enologia em Montpellier (França), que promulgou, em 1955, o primeiro diploma de bacharel.

O século XX avançou em meio às turbulências das duas guerras mundiais e o mundo todo sentiu o impacto desses eventos, especialmente os países europeus, que sofreram muitas perdas, dentre as quais as de vinhedos, vinhos e de mercado consumidor. Nesse contexto, se a produção norte-americana já se destacava no início do século, a prosperidade hegemônica da potência mundial também passa a ser notada na produção dos vinhos e, em 1970, o cenário já estava bem delineado: de um lado havia o cânone de qualidade, com seu bem singular e intocável; de outro havia o estrangeiro, aprendiz que ousou e se especializou e estava prestes a mostrar ao mundo a qualidade de seu produto.

O Julgamento de Paris, realizado em 1976 e tema de filme produzido em 2008 (*Bottle Shock*, de Randall Miller), pode ser considerado um evento simbólico da emergência da vitivinicultura moderna, que inaugurou um novo conceito de qualidade, o qual podemos denominar "paradigma do gosto", a ser abordado em maior detalhe no próximo capítulo.

O julgamento se refere a uma degustação às cegas, realizada em 1976, em Paris, pelo *connoisseur* inglês

---

[8] Disponível em: http://oiv.int/oiv/info/frmembresobservateurs. Acesso em 27-10-2014.

Steven Spurrier, proprietário de uma escola privada do tema. Spurrier reuniu vinhos franceses consagrados de Bordeaux, de Borgonha e uma seleção da nova produção californiana – todos a serem avaliados por um júri de notórios críticos especializados. Para surpresa geral, os primeiros lugares das categorias tinto e branco foram alcançados por vinhos norte-americanos, e a vitória foi amplamente difundida pela mídia internacional, inaugurando uma nova era para a vitivinicultura de qualidade, agora já não mais exclusiva do Velho Mundo.

As propriedades medicinais do vinho

Um dos atributos positivos do vinho que também permeia toda a sua história e que a moderação instaura, no limite entre o bem e o mal, é o de ser um produto saudável e, em muitos casos, medicinal. Por justificativas místicas, empíricas ou científicas, o certo é que, diferentemente do que se pode esperar de uma bebida alcoólica, cujo potencial positivo é mais a associação com o prazer, a alegria, a desinibição e a gastronomia, o vinho, em várias épocas, foi uma bebida recomendada como um medicamento preventivo ou de cura. Desde o século VI a.C., há registros médicos que consideram o vinho um tônico da mente e do corpo, antídoto para a insônia, tristeza, fadiga e estimulante do apetite (Aguiar, 2008). Durante quase dois milênios, a bebida funcionou também como um antisséptico, que matava os germes da água não tratada, e integrou as recomendações dietéticas, bases das prescrições da medicina até a Idade Média (Flandrin, 1998).

Como menciona Paola (2013) no artigo "In vino sanitas", várias podem ser as prescrições para o uso dos vinhos: pode ser indicado para melhorar as coronárias, diminuir pedras nos rins, erradicar bactérias responsáveis por intoxicação alimentar e diarreia, diminuir incidência da artrite reumatoide e até mesmo do déficit cognitivo. No entanto, todos esses benefícios estão vinculados a um consumo contínuo e moderado da bebida, já que o excesso pode provocar, em contrapartida, males como o câncer, doenças hepáticas e cardíacas. Como mostram pesquisas contemporâneas sobre o consumo de vinhos e seus impactos na saúde, a moderação é a palavra-chave em relação ao vinho.

Os arquétipos do vinho

Nos parágrafos anteriores, vimos como a produção do vinho se desenvolveu material e culturalmente em diferentes períodos e locais por meio do aprimoramento das técnicas de elaboração implementadas em sua produção, de sua inserção na economia e nos hábitos de consumo de cada geração e de sua associação às crenças, aos simbolismos e aos ritos que sacramentaram a sociabilidade do seu consumo ao longo da história da humanidade.

Dentre os valores aos quais o vinho está e esteve associado, podemos dizer que alguns são arquetípicos de sua qualidade, visto que permaneceram com o passar do tempo, mesmo que assumindo formatos distintos. São eles:

1. a propriedade de ser um produto "aurático",[9] ora parte de uma mitologia e de um sacramento, ora comparável a grandes obras de arte, presente na literatura e na pintura;
2. a propriedade de conservar uma dimensão de alimento a despeito do *status* alcoólico, já que em muitos períodos exerce uma função orgânica e medicinal, e tem seu consumo associado à refeição;
3. a propriedade hedônica, associada ao lazer, ao prazer e à fruição estética;
4. a propriedade cultural, que liga o homem à terra, que materializa uma identidade da origem e da cultura, que funda uma sociabilidade ritualística e que se prolonga pela tradição;
5. a propriedade da moderação associada à ideia de controle, civilidade e polidez, quesitos que tornam o consumo do vinho mais apropriado para segmentos de maior poder aquisitivo e capital simbólico e que qualificam e distinguem não apenas o produto, mas aqueles que o consomem.

---

[9] A aura é um conceito, originalmente, associado a algumas práticas esotéricas, usado para designar um halo energético que circunda o corpo físico e que corresponde a um campo de energia vital. O conceito, no sentido aqui utilizado, decorre de sua apropriação, em 1936, pelo cientista social frankfurtiano Walter Benjamin (1986) em seus estudos sobre a obra de arte na era da reprodutibilidade técnica para falar de objetos únicos, mágicos, portadores de significados que se manifestam pela sua apreciação ritualística, como as obras de arte da tradição.

A presença desses valores pode variar entre as categorias de vinhos em relação ao tipo de uva, aos locais de origem, à produção e à marca. Um vinho regional, feito artesanalmente e em pequena quantidade para suprir o mercado local poderá se conectar melhor à dimensão orgânica e da identidade cultural; do mesmo modo, um vinho produzido de acordo com a alta tecnologia, em maior quantidade para suprir grandes mercados e com investimento em *design* moderno, poderá mobilizar especialmente o caráter hedônico e sensorial da bebida para seduzir o seu potencial consumidor. Um vinho feito em pequenas quantidades, reconhecido como de alto valor, se projetará como um objeto aurático e como bem de luxo.

Notando a importância que os valores arquetípicos do vinho têm em sua constituição enquanto produto e no julgamento de sua qualidade, no próximo capítulo os discursos e as práticas de consumo do vinho em sua manifestação contemporânea serão abordados considerando tais aspectos, fortemente representados pela articulação entre dois modelos de qualidade.

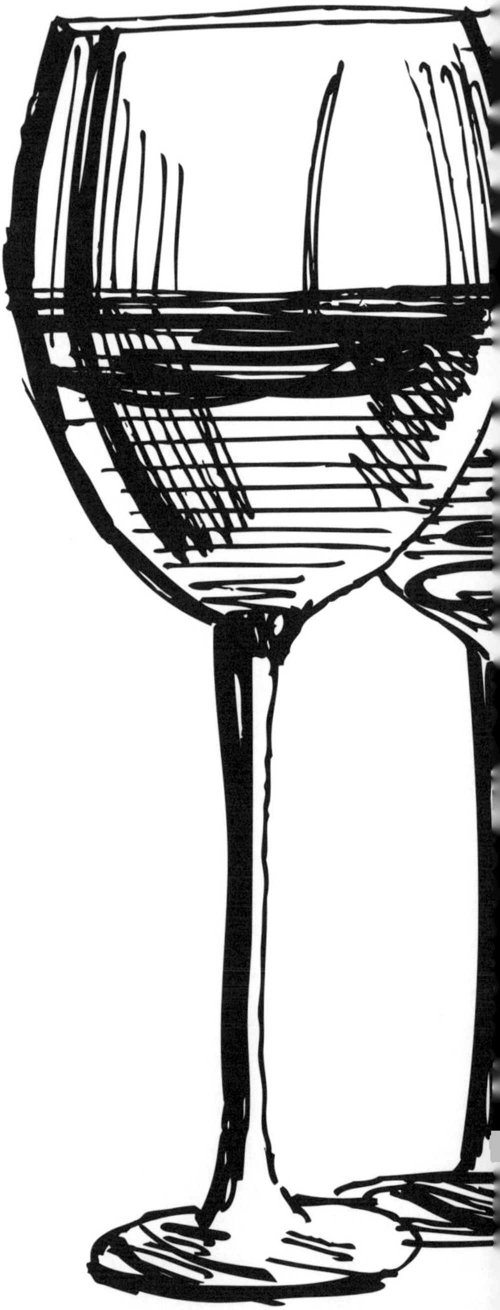

Os paradigmas da qualidade dos vinhos

> – Não quero parecer cético – disse ele, inclinando um instante o Conero e olhando a cor. – Mas odeio toda essa masturbação mental pseudointelectual sobre vinho. Fiz dois vinhos: um para os americanos e um para mim. Ambos são bons.
>
> LAWRENCE OSBORNE (2004)

A produção do vinho em três tempos

Em *O vinho na era da técnica e da informação* (Aguiar, 2008), sublinho a existência das tríades dos vinhos, cada uma composta por três princípios fundadores da vitivinicultura em períodos distintos: *la vigne, le viticulteur, le Midi*;[1] *des vins, des vignerons, des terroirs*;[2] e marca, enologia e tecnologia.

A primeira tríade mencionada, *la vigne, le viticulteur, le Midi,* corresponde ao período que vai da Idade Média até o fim do século XVIII, quando a região mediterrânea era o centro da produção vitivinícola mundial

---

[1] "A vinha, o viticultor e a região mediterrânea", em português.
[2] "Os vinhos, os vinhateiros e os *terroirs*", em português.

e ainda não havia muita especialização no processo de vinificação, que era mais relacionado ao potencial qualitativo das uvas oriundas dos vinhedos e das regiões que tinham tradição nessa agricultura (Torrès, 2005).

A segunda tríade, *des vins, des vignerons, des terroirs*, foi determinada pelo politicólogo William Genieys. Corresponde ao período que vai do século XIX a meados do século XX da Modernidade, e refere-se à época em que o processo de vinificação dava-se pelas mãos dos vinhateiros e era tomado como um saber aprimorado, em sintonia com o conhecimento mais preciso da geografia e da geologia das tradicionais regiões de produção. Reunindo uva, solo, clima e *savoir-faire*, era possível produzir vinhos únicos, próprios de cada *terroir* e oriundos de várias regiões, especialmente europeias.

Atentando-se às minhas observações de campo e estudos entre os anos 2003 e 2006, pude sublinhar a existência da terceira tríade, constituída por marca, enologia e tecnologia, cujo início deu-se no período pós-guerra na segunda metade do século XX. Nesse contexto, a produção do vinho passou a ser sofisticada pela apropriação dos saberes empíricos aprimorados por parte dos enólogos, que se ocupavam em melhorar a qualidade dos vinhos nas novas regiões de produção. O negócio do vinho então globalizou-se e passou a ter como ferramentas de ampliação do mercado a criação de marcas fortes e o marketing para a formação de novos consumidores de modo que, atualmente, não são apenas os vinhos californianos que disputam os tronos das degustações, mas também os vinhos de diferentes países e continentes, avaliados pelos mais variados *rankings* de *experts* a exemplo do simbólico Julgamento de Paris.

Assim como ocorre com grande parte das mudanças, não há uma passagem radical de um propósito a outro no processo de evolução das concepções do vinho, mas sim um processo histórico-social que pode determinar, naturalmente, a ineficácia de alguns elementos já consolidados em um modo de produção ao atender às demandas e às dimensões implicadas nesse ramo de negócios, exigindo inovações e releituras.

Desse modo, quando mencionamos a expansão da vinicultura para regiões sem tradição de produção é difícil nos referirmos, por exemplo, aos vinhos de *terroir*, um conceito que demanda certa maturidade de produção. Quando muito poderíamos pensar nessas novas produções como menos maduras, mas correríamos o risco de classificar como inferior algo que está ainda em seu início e, também, de desconsiderar o fato de que elas certamente apropriam-se dos conhecimentos e dos avanços passados. Além disso, seria como se pensássemos nas trilhas da qualidade como idênticas, o que não é verdade.

Assim, o modelo de produção difundido no que consagrou-se como "Novo Mundo do vinho" – cujos vinhos podem ser chamados "vinhos modernos" – certamente remeteu-se ao *terroir* para fundar a sua própria noção de enologia, mas somou a isso maquinário e técnicas capazes de suprir certos afazeres produtivos, adaptando a produção do vinho ao ritmo de um mercado concorrencial diferenciado.

A sociedade que erige da ressaca das grandes guerras mundiais teve novos protagonistas no poder e, com eles, floresceram estilos de vida diferentes dos que caracterizavam algumas das regiões em que o vinho estava no centro da economia e do consumo. Assim, enquanto a Europa Ocidental era o centro econômico e cultural do mundo no início do século XX, os Estados Unidos emergem economicamente no período entreguerras favorecido em parte pela dependência econômica europeia em termos de créditos e provisão de produtos. Ao fim da Segunda Guerra Mundial, o PIB norte-americano correspondia a quase metade do PIB mundial, o país avançava em várias áreas do conhecimento e expandia a sua cultura de consumo pelo mundo.

Esses fenômenos de ordem política e econômica influenciaram também o universo dos vinhos. Assim, nesse período a enologia desenvolveu-se ainda mais nos Estados Unidos tendo como importante centro de difusão da vitivinicultura moderna a Universidade de Davis, na Califórnia, que passou a servir de modelo e abrigou produtores de outros países do Novo Mundo. Ao mesmo tempo, a potente indústria de massa alcançava outros mercados e, nesse contexto, as novas tecnologias chegaram à vitivinicultura, fazendo com que os novos vinhos fossem produzidos e consumidos em contextos e períodos diferentes, tendo como público-alvo pessoas com hábitos distintos.

Os elementos pertencentes à tríade inaugurada durante o século XIX não perdem importância, no entanto, uma vez consolidados, dão abertura às inovações, que muitas vezes surgem para preencher lacunas do modelo anterior. Do mesmo modo, esse mesmo processo aconteceu com o *status quo* do fim século XX: a viticultura continua tendo importância, bem como o conceito de *terroir* permanece orientando diversas descobertas da enologia e pesquisas do agronegócio. No entanto, as marcas, o marketing e as novas tecnologias também acabam por ser incorporados pelas vinícolas tradicionais, ou seja, há uma mescla de elementos provenientes de épocas distintas.

Com as novas tendências, atualmente é possível encontrarmos vinícolas no formato tradicional, outras adeptas aos parâmetros da moderna vitivinicultura, muitas que mesclam suas produções e, ainda, grandes grupos que trabalham com vinícolas de portes e modelos diferentes. Como o tempo não para, já é possível sinalizarmos também um quarto momento para o universo do vinho pautado na ética da sustentabilidade.

O reconhecimento da qualidade em suas origens

Em relação aos modos de consumo, sempre associados à produção, existem dois modelos predominantes aos quais podemos nos referir: o paradigma da origem e o paradigma do gosto, ambos intimamente relacionados à evolução do mercado de vinhos a partir das primeiras décadas do século XX, momento em que a vitivinicultura chega a grande perfeccionismo produtivo em certos locais e que alguns *crus* passam a ser uma referência para o mundo inteiro.

No início do século, à medida que o combate e a prevenção contra a praga da filoxera foram difundidos e houve uma recuperação da atividade produtiva, houve também um empenho especial no sentido de salvaguardar o patrimônio da vinicultura de qualidade, exposto a muitas fraudes e usos indevidos dos nomes de vinhos consagrados. Por essa razão, como já mencionado, criou-se na França, em 1924, a OIV e, em 1935, o INAO, responsável pela institucionalização do sistema de AOC, cuja função é reconhecer e regulamentar as denominações dos vinhos, favorecendo a difusão dos nomes e dos atributos que lhes correspondem.

A internacionalização do sistema de Denominações de Origem referenciado pelos padrões franceses já ocorre, assim, há algumas décadas, e podemos sublinhar que o seu processo de determinação em cada país é longo e envolve a criação de uma legislação própria, que exige organização e maturidade dos envolvidos em cada modalidade de produção para definir qual é o traço identitário comum do produto que pretendem reconhecer, e quais são os contornos da qualidade que irão representá-los.

Assim, nos locais em que os avanços da vinicultura são recentes, ainda não se sabe exatamente quais são as vocações das produções nem se elas construíram uma reputação que tenha validado culturalmente a qualidade de um produto de origem. Isso ocorre no Brasil, onde cresce o número de IGs (Indicação Geográfica) atribuídas aos vinhos.

Como não havia variações somente na regulamentação, mas também na nomenclatura, a União Europeia adotou nomes e siglas (IGP e DOP) que passaram a valer para todos os países depois de feitas as equivalências correspondentes. No caso francês, a produção de vinhos é a única que pode utilizar as siglas AOC (sigla original) e AOP (correspondente à sigla europeia DOP) para referir-se aos vinhos, mas os demais produtos agroalimentares já estão fazendo as adaptações obrigatórias para serem certificados com a AOP.[3]

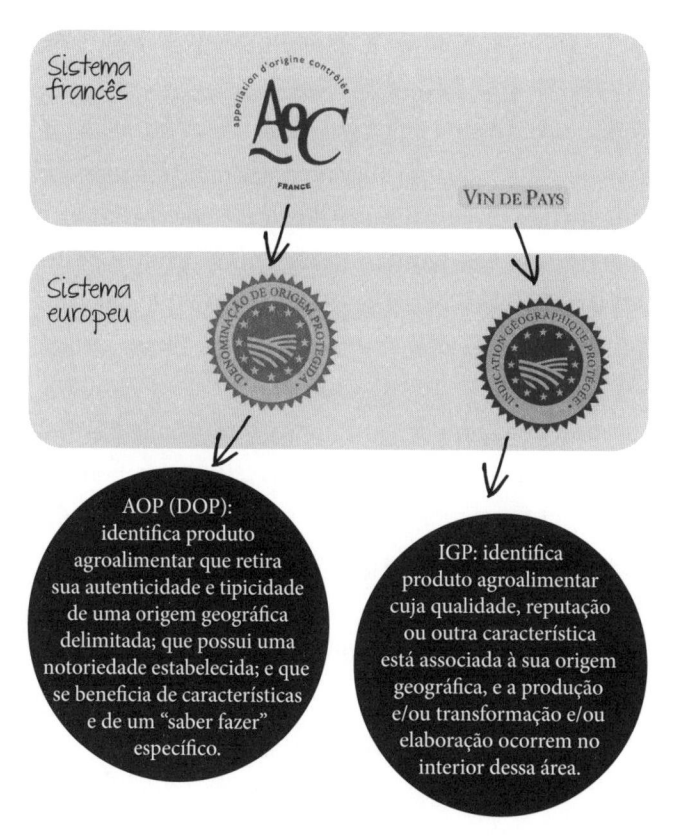

Sistema francês: AOC (appellation d'origine contrôlée, France); Vin de Pays

Sistema europeu: DENOMINAÇÃO DE ORIGEM PROTEGIDA; INDICAÇÃO GEOGRÁFICA PROTEGIDA

AOP (DOP): identifica produto agroalimentar que retira sua autenticidade e tipicidade de uma origem geográfica delimitada; que possui uma notoriedade estabelecida; e que se beneficia de características e de um "saber fazer" específico.

IGP: identifica produto agroalimentar cuja qualidade, reputação ou outra característica está associada à sua origem geográfica, e a produção e/ou transformação e/ou elaboração ocorrem no interior dessa área.

FIGURA 1. EQUIVALÊNCIAS ENTRE IGS FRANCESAS E NOMENCLATURA COMUM AOS PAÍSES DA UNIÃO EUROPEIA, ADOTADA EM 2006.

---

[3] Disponível em: http://alimentation.gouv.fr/les-appellations-d--origine. Acesso em 27-10-2014.

Vinho de terroir x vinho tecnológico

A noção de *terroir* com a qual o sistema de AOC tem íntima relação não é a que predomina na indústria do vinho moderno, pois a enologia, que desenvolveu-se posteriormente, opta em um primeiro momento por equações mais padronizadas e aplicáveis a qualquer contexto, como as produções tecnologicamente controláveis que repetem fórmulas eficazes.

Há cerca de 5 mil variedades de *Vitis vinifera* (Cabello, 2014) identificadas no mundo; no entanto, na primeira fase da globalização do vinho, que corresponde às três últimas décadas do século XX, grande parte das produções dos países do Novo Mundo trabalhavam com uma diversidade restrita de cepas. Nessa época havia, então, cerca de seis variedades de uvas adotadas mundialmente com origens ou predominância nas regiões de produção dos vinhos mais célebres da França: a Cabernet Sauvignon, a Merlot, a Sauvignon Blanc (de Bordeaux), a Chardonnay, a Pinot Noir (de Borgonha e Champagne) e a Syrah (Côtes du Rhône).

É natural que o início dos investimentos em uma produção complexa e de longo ciclo como a do vinho[4] tenha se dado e se dê, ainda, em várias regiões, com a utilização de uma matéria-prima já experimentada e

---

[4] Um vinhedo leva cerca de quatro anos para começar a produzir regularmente uvas aptas para vinhos finos de qualidade, com exceção de regiões que fogem à regra, como o Vale do Rio São Francisco, onde pode haver três colheitas anuais.

consagrada junto da *expertise* e do público consumidor. Assim, na atualidade, mesmo as regiões com cepas tradicionais têm inaugurado alguns rótulos de Cabernet Sauvignon e Chardonnay, além de incorporarem também a produção advinda das castas mais consagradas em outros países, como a Tempranillo (Espanha), a Sangiovese (Itália) e a Touriga Nacional (Portugal).

Nos países do Novo Mundo, há muitos casos em que o desenvolvimento da produção de vinhos foi integralmente importado em muitos aspectos, como o das variedades de uvas, o dos métodos de produção, o dos estilos de produto e o do próprio perfil organoléptico. Esse fato acabou por qualificar a produção de regiões sem tradição na cultura do vinho, como o Chile e a Argentina, que teve ainda a seu favor o cultivo de uma casta francesa que se revelou qualitativamente superior às demais experiências no exterior: afinada com o perfil do vinho e do consumidor moderno – cor intensa, aromas evidentes e gosto frutado, sem muita adstringência – o vinho proveniente da varietal Malbec tornou-se um patrimônio argentino.

Entretanto, para parte do meio mais especializado e dos admiradores do vinho europeu de *terroir*, os novos vinhos foram recebidos com muitas ressalvas, com a conotação de produto *standard*, industrial e homogêneo em relação a um bem que se ancorava na diversidade das origens, com suas cepas específicas e tipicidades organolépticas. O vinho moderno foi identificado por muitos como vinho "tecnológico" (Niederle, 2011), chegando a inflamar discursos dramáticos a respeito da destruição da bebida.

Como observamos pela história, o vinho sempre foi um produto de algum modo distinto das bebidas populares, feito em menor quantidade, apresentando variedades regionais e apropriado para um consumo mais extraordinário do que ordinário. Entretanto, o perfil do vinho de *terroir* não pode ser estendido de forma generalizada a todas as produções vinícolas do Velho Mundo. Esse é um conceito para referir-se aos vinhos mais cotados em uma determinada hierarquia de qualidade, e seria incorreto supor que todos os vinhos produzidos necessitam ter os mesmos qualificativos para serem considerados vinhos.

O vinho, segundo definição da OIV, "é exclusivamente a bebida resultante da fermentação alcoólica completa ou parcial da uva fresca, esmagada ou não, ou do mosto de uva",[5] assim, cada país tem autonomia para definir a sua legislação com relação a limites e tolerâncias sobre a adição de açúcar à bebida, níveis de graduação alcoólica, cortes, etc. Há muitos que dizem que o vinho brasileiro, feito de uvas americanas, não é na verdade um vinho, o que é uma inverdade, pois até mesmo nos países em que boa parte dos vinhos são provenientes de *Vitis vinifera* podem existir vinhos produzidos a partir de outras espécies de uvas ou mesmo de uvas híbridas.

Apesar dos vinhos de *terroir* serem identificados com grande prestígio, sabemos que o vinho bebido em maior quantidade nunca foi esse, mas sim o que provém de

---

[5] Disponível em: http://oiv.int/oiv/info/esdefinitionproduit?lang=es. Acesso em 18-1-2015.

outras produções cujo trabalho adequa-se aos parâmetros de uma equação que conjuga qualidade, quantidade e preço, vislumbrando um mercado maior. Esse é o caso de alguns vinhos do sul da França, por exemplo, que abasteciam a mesa do grande público ao passo que as regiões de Bordeaux e Borgonha produziam vinhos caros e dedicados a consumidores com maior poder aquisitivo. Como vemos, há nessa situação um claro embate entre *vin de table* e *vin d'AOC* ou, como ocorre no Brasil, entre os vinhos comuns e os vinhos finos.

Apesar dessa diferenciação em uma escala de prestígios, é sabido que o vinho tecnológico representou, em muitos locais, um verdadeiro *upgrade* em termos de qualidade, globalizando uma fórmula de produção de vinhos espelhados nos avanços da enologia e em um gosto consensualmente aprovado. Obviamente, muitos são os produtores que repetem essa fórmula visando a lucros no negócio e é justamente nisso que consiste o problema que fomenta o discurso de "resistência" a esses tipos de vinho, já que eles estão mais sintonizados com a lógica da rotatividade industrial e passam a disputar espaços antes mais reservados a vinhos prestigiados no Velho Mundo, sem serem inseridos no nicho dos vinhos de mesa.

Grandes mercados consumidores, como o inglês, começaram a experimentar vinhos californianos, australianos e chilenos, além dos antes mais exclusivos vinhos europeus. Esses vinhos, se por um lado não são considerados vinhos da mais alta estirpe, também não podem ser considerados ordinários, apresentando-se como uma opção mais satisfatória para o cotidiano do consumidor em relação ao preço e à qualidade mediana que oferecem. Dessa forma, ganham o mercado demarcado pelas diferenças de origem e contrapõem-se a uma fórmula de qualidade homogênea, o que caracteriza bem o cenário da primeira fase do processo de globalização do vinho que começou nos anos 1980.

A origem velada

O Julgamento de Paris foi um evento simbólico não apenas para conceituar a qualidade dos vinhos do Novo Mundo, representados naquele momento pela Califórnia, mas para permitir que outros vinhos de regiões distintas o tomassem como exemplo para suas produções e obtivessem o mesmo *status*. Pelo evento ter se valido da metodologia de avaliação às cegas, com os rótulos ocultados, a alta reputação de outros vinhos apresentados não influenciou a avaliação do júri, um gesto simples que representou um ato significativo: a exclusão da origem como indicador de qualidade.

Quando empregamos a expressão "paradigma da origem", nos referimos também à procedência do vinho e a todos os dados que podem ser indicados no rótulo (vinícola, marca, categoria de qualidade, etc.), mas também nos referimos ao cerne do modelo de qualidade instituído pelas Denominações de Origem, afinal, se ocultamos a origem do produto, relativizamos a importância delas. Nesse sentido, embora adotada atualmente em novas regiões, estaria a IG representando um tipo de qualidade para esses mercados? Na verdade, é mais possível que, a exemplo do que vem ocorrendo em relação aos vinhos do Brasil, ela apenas indique/sugira que um determinado vinho seja melhor e de uma região consagrada pela vinicultura, mas não seja capaz de mensurar as características mais específicas que uma determinada produção apresenta.

A reputação pelo tipo de produção consagrada pelas IGs de vinhos brasileiros começou a ser construída há pouco, à exceção de classificações como a Indicação de Procedência (IP) do Vale das Uvas Goethe, em Santa Catarina, que há cem anos produz vinhos a partir dessa cepa híbrida, cultivada apenas nessa região. Em outros casos, as verdadeiras cepas tradicionalmente cultivadas para vinhos, mesmo sendo viníferas, são preteridas por outras mais consagradas internacionalmente, como a escolha da Merlot pelo Vale dos Vinhedos. Podemos dizer, entretanto, que é uma cepa que se adequa ao perfil geoclimático da região e, ainda assim, que sua reputação está sendo construída desde que decidiram adotá-la.

O método de qualificação às cegas é hoje praticado por 9 entre 10 especialistas. Mesmo que suscite alguns questionamentos, é o que garante mais imparcialidade em um mercado em que a avaliação do gosto tornou-se tão determinante. Em contrapartida, os sistemas de Denominações de Origem ou IGs contam com o quesito sensorial na validação da qualidade dos vinhos, embora não o priorizem. Assim, nos mercados tradicionais, como o da França, as IG's funcionam como um importante indicador de qualidade, especialmente junto aos públicos que aprenderam a reconhecê-lo como tal.[6]

As novas tendências de qualificação podem provocar um certo desconforto em regiões produtoras consagradas pela origem, além de tornar o mercado mais competitivo, oferecendo ao consumidor um conjunto otimizado de valores que justifique a sua escolha, como origem, cepas, notas de críticos, concursos e preço. Em se tratando de produção, a vinícola cria rótulos diferenciados que possam oferecer surpresas e chances de novas avaliações do mercado, submetendo estrategicamente os produtos a distintas apreciações.

A degustação de vinhos praticada desde a produção ao consumidor final é chamada exame organoléptico e compreende, na maioria das vezes, três etapas: exame visual, olfativo e gustativo.

O exame visual é aquele em que os aspectos visuais como cor, luminosidade, transparência e viscosidade do vinho são avaliados. Além de uma avaliação do caráter estético, essa etapa do exame também considera as informações sobre o estado de conservação, de saúde e de maturidade do vinho e a correspondência entre essas características e o que se espera dele.

O exame olfativo é feito com base na percepção dos odores do vinho em diferentes momentos após a abertura da garrafa. Consiste em uma avaliação da intensidade e da qualidade desses odores a partir da descrição

---

[6] Em campo, quando se busca justificar a qualidade do vinho francês de forma genérica, a primeira referência está diretamente relacionada ao seu histórico secular na tradição de fazer vinhos.

deles e por meio da analogia com outros aromas de conhecimento comum – em grande parte já preestabelecidos pela *expertise* – e, normalmente, relacionados às famílias aromáticas (Cadot et al., 2014), como floral, frutado, etéreo, especiarias, animal, etc. A descrição dos aromas poderá ganhar um elevado grau de acuidade de acordo com a maior facilidade ou competência do degustador em identificar e descrever as suas percepções. Quando transformado em *bouquet* – odor advindo de um vinho já maduro –, o aroma ganha infinitas nuances aromáticas, que podem ser percebidas por um olfato "talentoso" e treinado.

Após essa etapa, há o exame gustativo, que resulta de uma análise combinada entre o sabor e os aromas do vinho, capazes de serem analisados em conjunto graças à complexidade do nosso sistema sensorial. O objeto de análise dessa apreciação simultânea é o "retrogosto", um sabor que permanece no paladar após a ingestão do vinho e que ganha outras nuances na descrição organoléptica quando se funde com os aromas, sem os quais estaria restrito às sensações de doce, amargo, salgado, ácido e umami,[7] perceptíveis somente pelas partículas gustativas da boca.

---

[7] Umami foi o nome dado pelo cientista Kikunae Ikeda (primeiro a identificá-lo, em 1908) ao quinto gosto primário percebido pelo nosso paladar. Até então, falava-se apenas nas outras quatro sensações (salgado, doce, amargo e ácido) com receptores gustativos na superfície da língua para a formação do gosto. O umami está associado a alimentos com presença de glutamato, inosinato e guanilato, dentre eles, algas, cogumelos, carnes, frutos do mar e legumes. Só mais recentemente vem sendo citado pela literatura da análise sensorial. Disponível em: http://www.lefigaro.

O exame gustativo avalia também o nível de acidez e a doçura do vinho assim como a presença do álcool e dos taninos, traços importantes na composição da bebida. Além da apreciação do sabor, há uma dimensão tátil no palato que avalia o corpo e o volume do vinho e poderá ser mencionada durante a avaliação.

Nas degustações mais informais, a análise se resume à percepção do vinho em etapas por meio de cada um dos sentidos. No entanto, em encontros mais profissionais, o degustador é convidado a fazer uma apreciação geral do vinho por meio das fichas de avaliação, que pode se restringir ao que grande parte dos degustadores entrevistados define como uma avaliação mais técnica ou genérica, em que se aprecia mais se o vinho está minimamente de acordo com o que se espera dele – se ele não apresenta defeitos, se tem equilíbrio e persistência –, ou que pode incluir o preenchimento de campos com detalhes organolépticos bem personalizados.

O ritual de degustação popularizou-se e algumas de suas classificações têm enorme impacto nas vendas por serem determinadas por celebridades ou serem veiculadas em diversos meios de comunicação e por ferramentas de promoção do comércio de vinhos contemporâneo, como a imprensa especializada de cada país, os guias e as publicações com avaliação dos vinhos e,

---

fr/gastronomie/2014/10/11/30005-20141011ARTFIG00007-la-semaine-du-gout-leve-le-voile-sur-l-umami-la-cinquieme-saveur.php. Acesso em 13-5-2015.

nos últimos dez anos, mais uma centena de publicações virtuais (blogues, *e-commerce*, Facebook).[8]

Os posicionamentos das marcas são muito mais variáveis do que seriam em um sistema de origem, que se baseia também em critérios de longo prazo. Como são múltiplas degustações praticadas por preferências nem sempre consensuais com grande interferência dos contextos e dos sujeitos implicados, tudo pode acontecer nesse mercado, de modo que sempre importa mais a novidade e o conhecimento de novos produtos bem-avaliados por uma revista especializada, pelo *sommelier* do restaurante que se frequenta habitualmente ou por publicações que os referenciem em redes sociais.

Degustar vinhos: um brinquedo levado a sério

Um aspecto da degustação que não pode ser desconsiderado é o seu caráter sensorial e lúdico, pois o seu desdobramento em vários formatos tem relação com o fato de que essa é uma prática anunciada como um modo de obter mais prazer ao beber. Assim, o procedimento de degustação é visto

---

[8] Dentre os produtos expostos em salão de vinhos *Terres des Vins*, realizado em Montpellier em outubro de 2012, podemos dizer que no mínimo 70% dos estandes ostentavam e destacavam a distinção de um dos seus vinhos, selecionado em concursos, guias franceses (*Hachette, Gault&Millau, Bettane et Desseauve*) ou imprensa especializada internacional (*Wine Spectator, The Wine Advocate, Decanter*).

por uns como um fetiche elitista que ensaia novas formas de convidar o consumidor iniciante a desmistificar a prática e a se engajar no processo de descoberta dos vinhos, isto é, de se tornar um explorador dos vinhos.

Contudo, a prática da degustação por ter esse aspecto pode tornar o ato de beber algo especial e particular: a cada novo vinho, uma nova experiência, o que para o mercado significa dizer que não nos referimos apenas ao produto que se comercializa quando falamos do vinho, mas a várias atividades que são estimuladas, em grande parte, pelo aspecto organoléptico do produto. Assim, o vinho se distingue das demais bebidas por esse universo que traz consigo (cursos, enoturismo, degustações originais, harmonização gastronômica) e por guardar essa dimensão da novidade, oferecendo uma variada gama de produtos. Outros produtos se inspiraram também nesse modelo e, atualmente, o mercado do café e das cervejas especiais têm ganhado muitos adeptos no Brasil.

Ao lado dessa dimensão dionisíaca, temos o caráter apolíneo, que faz da degustação do vinho não apenas uma experiência hedonista banal, mas também cultural e até mesmo intelectual (Aguiar, 2008). É assim que uma série de cursos ligados ao consumo de vinhos são oferecidos e o conhecimento relacionado à bebida tornou-se uma espécie de *hobby*, uma forma de entretenimento estimulada pelo marketing. Desse modo, muitos profissionais da área exploram a temática, disponibilizando variadas formações, das mais técnicas às que se restringem ao próprio ato da degustação, ou encontros com um foco mais gastronômico. Para a indústria do vinho, esse é um estímulo diferenciado de consumo que agrega cultura e saber, e que pode ainda despertar o interesse do neófito a seguir uma carreira nesse nicho de experimentações.

O paradigma do gosto é resultante também de uma sociedade na qual a figura do consumidor ganha ênfase na determinação das qualidades do produto. Assim, sabendo que as opiniões e as preferências dos consumidores são disputadas arduamente, nos debruçaremos sobre a produção de vinhos concentrada nos nichos de mercado no capítulo seguinte.

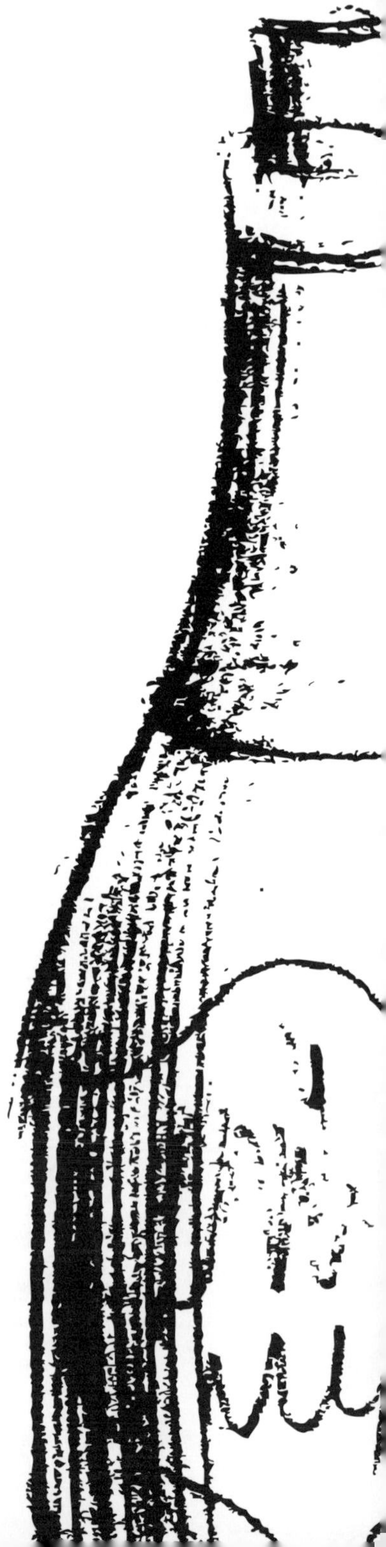

O consumo e os consumidores de vinhos

> Encontramos também ocasiões à mesa; nas refeições, o bom vinho não é a única coisa a ser procurada ali. Lá, muitas vezes, quando Baco tinha bebido, o Amor tingido de rosa abriu para ele seus braços delicados e segurou firme os cornos do deus, e quando o vinho embebeu as asas agitadas de Cupido, ele ficou lá pesadamente agarrado ao lugar que escolheu. Então ele agita com velocidade suas asas úmidas, mas as próprias gotas que o Amor respinga fazem mal. O vinho prepara os corações e os torna aptos aos ardores amorosos; as preocupações fogem e se afogam nas múltiplas libações.
>
> OVÍDIO (2001)

Bebendo menos e melhor

Como já mencionado, a primeira metade do século XX foi um período de muitas ocorrências que influenciaram não só os métodos de produção do vinho, como também os hábitos dos seus consumidores em termos de quantidade e preferências. A institucionalização do sistema de Denominações de Origem deu um passo significativo na valorização de diversas categorias de produtos e permitiu que houvesse uma sistematização da qualidade dos vinhos, destinados a um público com maior poder aquisitivo ou com maior interesse pelo produto. O êxito desse empreendimento variava de acordo com o país em ele que era empregado, mas o modelo de referência para todos foi sempre o francês.

A certa altura, os europeus, grandes consumidores de vinhos, tiveram seus investimentos abalados em vários segmentos e passaram a ser influenciados pelo hegemônico perfil de consumo norte-americano, que levou a todos os cantos do mundo vários produtos e marcas fortes para dividirem a mesa com o vinho. Nesse contexto, até mesmo nos países em que era absoluto, como França e Itália, o vinho foi perdendo sua histórica vitalidade. Com isso, as taxas de consumo sofreram quedas contínuas e pronunciadas até a virada do século: na França, passou de 170 ℓ *per capita*, em 1955, a 62,74 ℓ em 1995, e a 49,66 ℓ em 2008; na Itália, o mesmo aconteceu: o consumo passou de 110 ℓ *per capita* em 1950 a 46,5 ℓ em 2006.[1]

Com os avanços da enologia, foi possível também melhorar a qualidade dos vinhos que não tinham uma trajetória similar aos de grande referência internacional, mas que já apresentavam um padrão organoléptico

---

[1] Dados extraídos das tabelas de consumo mundial *per capita* elaboradas pela Organização Internacional da Vinha e do Vinho (OIV). Disponível em: http://www.oiv.int/oiv/info/frpublicationsstatistiques. Acesso em 13-5-2015.

bem superior em relação aos vinhos comuns de outrora. Os preços desses "novos" vinhos também não se igualavam aos dos vinhos de mesa, mas eram muito mais acessíveis ao público, o que acirrou a concorrência entre origens e marcas e fez com que surgisse a necessidade de se ampliar o mercado até as regiões sem tradição de consumo e de iniciação de consumidores. Desse modo, vemos que uma série de circunstâncias possibilitou que a conquista e a manutenção dos consumidores de vinhos se tornassem um grande desafio para o mercado vitivinícola a partir da segunda metade do século XX.

Em poucas décadas, esse mercado passou por uma série de transformações e inovações, especialmente no que diz respeito às tecnologias, aos métodos de produção, à comunicação e à expansão. A competitividade impôs o surgimento de ciclos rápidos e passageiros e cada vez mais pessoas do mundo inteiro experimentavam a fartura do consumo do vinho. Nesse novo cenário, atentar às concepções do que motiva o consumo e de como pensam e agem os consumidores tornou-se algo fundamental para garantir a sobrevivência das marcas.

O mercado de vinhos teve que descobrir, portanto, como conciliar seu ciclo de produção razoavelmente longo com as expectativas de uma sociedade mutante e ávida por gratificações de consumo. Nessa sociedade, o consumidor passou a ser o centro de muitas decisões da indústria do vinho, sobretudo no que se refere às políticas de preços, promoções, publicidade e à própria concepção do produto. Como esse novo consumidor não apresenta um perfil de consumo homogêneo, é difícil que um só tipo de vinho seja capaz de representar uma vinícola, por isso criou-se uma preocupação maior com as embalagens, o *design* das garrafas, as etiquetas e as informações contidas nos rótulos dos vinhos, ou seja, com os aspectos que seduzem o consumidor diante das prateleiras.

Dessa maneira, a comunicação com o público-alvo intensificou-se e expandiu-se também às estratégias promocionais em pontos de venda ou mesmo ao marketing em catálogos, revistas, sites e programas de TV ou rádio. A formação do consumidor por meio de minicursos passou a ser também um modo de incitar o consumo de vinhos e captar o interesse de pessoas que não o tiveram como parte fundamental da sua formação cultural e que poderiam interessar-se por construir uma relação de adoração com o produto.

Em um passado não muito remoto, o clássico consumidor de vinhos proveniente dos países tipicamente vitivinícolas tinha habitualmente vinhos regionais e acessíveis em sua mesa, razão pela qual em ocasiões especiais, como um jantar aos fins de semana, ampliava seu orçamento para custear um vinho de qualidade e preço superior. Em períodos anteriores, o clássico consumidor de vinhos proveniente dos países em que o produto não era habitual, como o Brasil, tinha maior capital (material e simbólico) para custear um produto que chegava à sua mesa bastante inflacionado em virtude das despesas com transportes, intermediações, impostos, além das viagens às regiões produtoras. Ambos os cenários alteraram-se bastante e, embora esses perfis ainda existam, eles dividem espaço com outros "estilos" de consumidores.

A variedade de produtos e de propostas de consumo compõe uma sociedade que compra freneticamente. Nesse contexto, o consumo integra funções que estão além de simplesmente atender a uma necessidade ou um desejo, e passa a identificar as identidades, os posicionamentos éticos e políticos, o pertencimento ou não a determinados grupos sociais, as preferências e os comportamentos, etc. Nas sociedades ocidentais contemporâneas, as cotas orçamentárias destinadas ao lazer, ao entretenimento e ao bem-estar aumentaram com o tempo e, de certo modo, "compensam" o imperativo de produtividade que se reflete na máxima "já que eu trabalho muito, mereço ter prazer!".

Do mesmo modo, o estereótipo do vinho moderno é o de um produto esteticamente apelativo extrínseca e intrinsecamente: inova em formatos da garrafa e itens do rótulo, investe na coloração e intensidade brilhantes da bebida, que também apresenta aromas ostensivos e sabor frutado, tendendo ao adocicado. Como disse um representante de uma das maiores empresas de vinho francês, "uma vez que a garrafa é aberta, o que se torna muito importante é a cor; a primeira impressão quando se bebe uma taça de vinho é de verificar se a cor dele é leve... se a cor é intensa, aí sim, temos um bom vinho!".[2]

O perfil de preferências poderá, entretanto, variar sensivelmente ao longo do tempo, já que, mais do que conservar a tradição do vinho, as novas tendências ocupam-se em inovar, ainda que não substancialmente, por

---

[2] Comentário mencionado em entrevista (Bordeaux, abril de 2012) pelo diretor de marketing da Maison Barton & Guestier, Philipp Marion, sobre o que o seu cliente busca no vinho.

meio da sobreposição de tendências ou pela multiplicação da oferta dos produtos, o que torna a estratégia de segmentação do mercado predominante na produção de vinícolas de médio e grande porte, que investem em linhas de produtos para satisfazer preferências diferenciadas em relação a gosto, preço, estilo, ocasião, etc.

Nos novos rumos do mercado, também é marcante o desdobramento do produto em serviços, isto é, já não se trata apenas de vender vinhos, mas sim de todos os conceitos que envolvem as ocasiões ideais para consumi-lo e que podem ser oferecidas ao consumidor por meio de cursos, visitas, viagens, degustações, harmonizações, feiras, etc. A enofilia ganha espaço à medida que os neófitos aprendem a consumir vinhos e a experimentar novas sensações, embora seja verdade que grande parte dos consumidores não possa custear com frequência a participação nesses eventos, apesar de isso não impedi-los de aspirar a tal despesa.

Na sociedade atual, as questões relacionadas ao consumo nem sempre são abordadas, apesar de passarmos boa parte do nosso tempo produzindo ou consumindo. Contudo, existem importantes referências oriundas das ciências humanas e sociais que analisam o hábito do consumo, investigando motivações, dinâmicas e impactos gerados por ele enquanto um fenômeno contínuo e integrado às estruturas sociais. Essas concepções são importantes e nos permitem identificar fatores fundamentais que caracterizam o consumo para, a partir disso, acompanharmos suas transformações em acordo com os ciclos da sociedade.

A sinalização da diferença pelo consumo

Uma das primeiras abordagens que pode nos auxiliar a pensar sobre o consumo de vinhos é a teoria do ócio conspícuo, de Thorstein Veblen (1985). Avaliando a trajetória e a transição das sociedades feudais até a moderna, o autor entende que o tempo do "não trabalho", ou seja, o tempo dispensado em atividades que não eram produtivas do ponto de vista da lógica do capital, era um traço honorífico. Ter esse tempo e gozá-lo, seja por puro ócio ou práticas nobres, como a caça, a ida à ópera ou a visita aos salões de chás, era um sinal distintivo de *status*. A inversão dessa concepção surgiu à medida que a sociedade se industrializou, a produtividade se tornou necessária e passou a engrandecer quem a praticava. Nesses novos tempos, o consumo assume o lugar do ócio e, então, sua prática passa a estar associada ao desfrute do prazer, do entretenimento e das compras, tornando-o um dos aspectos que constituem o *status* dos privilegiados.

Para Bourdieu (2007), o consumo está particularmente associado ao conceito de *habitus*, uma marca cultural que denota a filiação de uma pessoa a determinados segmentos econômicos e culturais da sociedade identificados não apenas pelo capital material, mas sobretudo pelo capital simbólico, pelo gosto que predestina alguém ao consumo de determinados itens.

Nesse sentido, para o sociólogo francês, as preferências de consumo e o modo de consumir demarcam de forma determinante as fronteiras econômicas e sociais entre os indivíduos que, provenientes de *habitus* distintos, resguardam as suas diferenças mesmo quando têm acesso aos mesmos produtos, ou seja, em outras palavras, é impossível que alguém que sempre bebeu vinho de mesa em contextos mais simples passe a beber os *crus* em locais luxuosos sem que seus traços de distinção originais não sejam perceptíveis.

Baseando-nos nessas concepções, afirmar que o consumo de vinhos não é utilizado como um sinalizador de *status* seria, portanto, um equívoco. Se a sinalização pelo que se consome ocorre e serve para ostentar *status* e distinguir pessoas, na contemporaneidade tais distinções não têm enquadramentos e composições tão regulares capazes de classificar enfaticamente o consumidor, isto é, há muito mais permissividade na composição das preferências, que por sua vez permitem a combinação entre os hábitos rústicos e refinados e o acesso a campos de conhecimento antes exclusivos a determinados segmentos.

Análises mais contemporâneas de Mike Featherstone (1995), Bauman (2001) e, de certa maneira, Gilles Lipovetsky (2004) mencionam a condição limite da sociedade pós-moderna em relação à vivência das emoções hedonistas, individualistas e totalmente efêmeras: segundo os teóricos, o pós-moderno busca, em êxtase, por um tempo presente eterno, e o "hiperconsumo" (ou "consumo líquido"), intrinsecamente relacionado com a renovação contínua da moda e da indústria tecnológica, é um mecanismo de busca dessas sensações constantes e exacerbadas. Apesar de algumas distinções teóricas, há entre os teóricos uma percepção similar de que o consumo incessante e a contígua reinvenção aparente dos produtos se tornaram um modo de viver, quando não um vício que qualquer satisfação seja incapaz de sanar, pois a satisfação está no próprio frenesi da busca.

A enofilia, com suas confrarias e contínuas discussões a respeito do último vinho, é a vitrine desse movimento que se renova pela expectativa do que um novo vinho traz. Nesse âmbito, a novidade muitas vezes acaba por ser muito mais reinventada ou simulada do que efetivamente concreta, isto é, alteram-se rótulos, sugestões e descrições e menos o próprio vinho. A produção em larga escala de um vinho mais "tecnológico", por exemplo, com um estilo mais ostensivo em cor e aroma, e um *design* mais arrojado, já é capaz de suprir a aspiração ao novo mercado quando este se constitui, essencialmente, por um público menos conhecedor de vinhos.

Percebemos, no entanto, que, além do discurso hedonista presente no perfil do consumidor contemporâneo, há uma certa inquietação e crítica de muitos especialistas à homogeneidade que em um primeiro momento se instalou no mercado dos vinhos modernos. A reivindicação pela diferença que apareceu nos últimos anos, após o encantamento com a produção do "Novo Mundo do vinho", nos indica, então, que a acomodação com o espetáculo das marcas não prevalece entre os consumidores mais experientes.

Há uma crença entre os profissionais de que o consumidor de vinhos finos sempre será diferenciado por ter passado naturalmente por um processo de amadurecimento do paladar. O vinho estilo Parker,[3] na visão de alguns, estaria mais alinhado com o gosto do consumidor moderno, porque de certo modo corresponde ao estilo de outras bebidas que o público já conhecia. Contudo, à medida que o enófilo vai ampliando o seu repertório de conhecimento do que há no universo do vinho, ele passa a buscar novos sabores, o que o levará a explorar a variedade e a tipicidade dos vinhos regionais, bem como o estilo mais "gastronômico"[4] do Velho Mundo.

Identidade e sociabilidade no consumo de vinhos

Na obra de Douglas e Isherwood (2004) a abordagem antropológica do consumo tornou-se muito influente por propor que em todas as sociedades ele tem um papel fundamentalmente ritualístico, funcionando como um processo que sela a sociabilidade e através do qual o mundo busca significar-se.

---

[3] É importante ressaltar que nem sempre esse é o estilo dos vinhos que Robert Parker avalia como bons, mas ele acabou se tornando um símbolo do perfil de consumo moderno por ser um norte-americano que se destacou no momento em que os vinhos do Novo Mundo ascenderam, introduzindo preferências distintas da tradição, que começam a ser contempladas em função do enorme impacto de suas avaliações junto a consumidores do mundo inteiro.

[4] O vinho qualificado como gastronômico vai justamente na direção contrária da ostentação aromática e gustativa que caracteriza muitos dos vinhos modernos. Trata-se de um vinho mais sutil, menos invasivo e suscetível à harmonização porque não se impõe de modo ostensivo, isto é, não encobre o sabor dos pratos.

Campbell (2006) entende o consumo como um traço socializante e identitário que, em sua vertente moderna, apresenta particularidades. Assim, em sua concepção, o senso de identidade de um indivíduo não é mais claramente definido por sua filiação a determinada classe ou *status* social, pois esses aspectos não especificam as linhas tênues da identidade, apenas traçam um esboço, pois aquilo que realmente pensamos ser é fruto das nossas combinações especiais de gostos que, na verdade, determinam também a nossa individualidade.

Para esse autor, aquilo que compramos diz algo sobre quem somos, mas a nossa identidade se revela por meio das reações diante dos produtos que nos oferecem e não pelos produtos em si, isto é, "...estritamente falando, 'eu compro a fim de descobrir quem sou' talvez resumisse mais exatamente a declaração que acabo de fazer" (Campbell, 2006, p. 53).

Se pensarmos a respeito das concepções de consumo mencionadas anteriormente, veremos que os vinhos finos, em sua versão contemporânea, investem em atender à demanda da singularidade exigida por parte de seus consumidores, da sinalização e até mesmo da projeção de traços de sua identidade extensivos ao consumo do vinho ou ao estilo de vinho consumido. Nesse sentido, não se trata apenas de o consumidor reconhecer-se como um comprador de vinhos, mas sim de querer, por meio do consumo, incorporar os traços identitários subjacentes a um determinado perfil de consumo.

Entretanto, o mercado trabalha no limite da promessa de singularidade e da sua própria necessidade de ampliação, visando atingir as emergentes faixas de consumidores provenientes de segmentos econômicos medianos, mas cujas preferências correspondem ao estilo *easy drinking*. Ao ampliar-se, naturalmente há o risco de tornar-se menos singular, contudo ao projetar-se de modo muito específico não há crescimento. Esse paradigma de funcionamento exige uma contabilidade complexa e necessária, que pode ser equalizada estrategicamente sem comprometer a marca.

No mercado de vinhos da atualidade, é perfeitamente plausível existirem identidades híbridas, capazes de conciliar preferências e atitudes tecnicamente contraditórias. Embora nas regiões e nos contextos mais tradicionais a ousadia em não corresponder aos padrões comportamentais conservadores possa significar uma transgressão indesejável, quanto mais aberta e cosmopolita a localidade, maior será a naturalidade do mercado para lidar com os perfis híbridos e mutantes de algumas produções vitivinícolas.

Assim, considerando que a nossa sociedade está cada vez mais conectada globalmente por meio das mídias, não há possibilidade de que outros contextos de produção sejam meramente ignorados, o que permite às pessoas não ficarem tão reféns das percepções culturais que têm acerca do vinho de acordo com suas bagagens culturais. Haverá sempre a possibilidade de experimentar novas concepções da bebida.

Quebrando rótulos

O comportamento predominante dos consumidores no nicho do vinho fino, especialmente nas regiões nas quais é um produto importado e de luxo, tende a um perfil formal e tradicional. No Brasil, por exemplo, há cerca de vinte anos os consumidores desse tipo de vinho eram notadamente homens e era em nome deles que os catálogos das importadoras eram postados: eles iam às lojas comprar, escolhiam o vinho à mesa, reuniam-se para degustar, etc. Atualmente, as confrarias diversificaram mais os seus perfis e, apesar de ainda remeterem-se às cenas dos filósofos gregos no *symposium*, há mais *sommelières* em destaque no mercado, confrarias femininas e mulheres que chegam ao reconhecimento profissional trabalhando nessa área como *experts*, degustadoras, escritoras, empresárias e produtoras. Contudo, essas modificações ainda são muito recentes e pouco significativas no universo tradicional do vinho por causa de sua complexa inflexibilidade em relação às mudanças.

De certo modo, a dificuldade de romper com algumas tradições está ligada ao fato de a produção vitivinícola ter suas raízes atreladas ao pequeno negócio agrícola, com saberes transmitidos entre gerações que cultivaram uma receita produtiva familiar. Em grande parte do meio rural dos produtores de vinho, notamos certa simplicidade e rusticidade, mas à medida que migramos para categorias de alta qualidade, as próprias instalações básicas de produção ganham certo requinte para representarem o pertencimento do produto a um segmento de luxo, o que impõe ao produtor uma postura diferenciada, a quem o representa e ao próprio consumidor. Mesmo quando algumas propriedades conservam-se muito artesanais notamos que, em boa parte dos casos, o requinte reside no *status* de raridade ou de sacralidade do vinho produzido.

A atmosfera luxuosa ao redor do vinho pode claramente alcançar o consumidor, que eventualmente se vangloria por estar consumindo um produto com esse requinte, mas pode também intimidá-lo, já que nem todos se sentem aptos ou confortáveis em um ambiente de ostentação. Foi pela iniciativa desses consumidores mais simples que a existência de uma maior irreverência em tratar desse consumo surgiu, principalmente nas novas gerações.

Descomplicar o consumo, modernizar o *design*, a linguagem, a forma de receber o consumidor, todos esses aspectos não faziam parte do ciclo do vinho em países de produção tradicional, em que os vinhateiros focavam-se na venda do vinho regional para uma demanda mais regular, ou seja, faziam parte dos lugares em que receber o consumidor e mimá-lo não fazia parte da política de vendas. Atualmente, todos necessitam abrir-se ao público sedento por conhecer a intimidade desse universo tão especial. Nos países em que a cultura do vinho é importada, o consumo não é tão grande, mas herda do seu passado bem recente os traços de formalidade e o elitismo que a muitos inibe, o que pode representar um risco para o crescimento do mercado.

De acordo com Castarède (2005), os objetos de luxo respondem às nossas fantasias e sonhos por funcionarem como caprichos compensadores. A ideia de luxo, atualmente, pode manifestar-se por meio de vários elementos, a depender da pessoa e do modo que o desfruta, e pode muito bem compartilhar o carrinho de compras com elementos de outras categorias sem que isso pareça contraditório nos hábitos de um mesmo consumidor.

> PARA UM SOBRECARREGADO PRESIDENTE DE EMPRESA, LUXO É O TEMPO. PARA UM AGRICULTOR, É A SOCIABILIDADE, QUE PODE TRADUZIR-SE NUMA BOA REFEIÇÃO EM COMPANHIA DOS AMIGOS. HOJE, CONTUDO, ACRESCENTOU-SE AO LUXO UMA CARACTERÍSTICA NOVA: ELE NÃO EXCLUI OUTROS VALORES – A COCA-COLA E O VINHO COABITAM DA MESMA FORMA QUE O JEANS E O TRAJE FORMAL.
> (CASTARÈDE, 2005, P. 33)

Alan Warde (2005) entende o consumo como um espaço "entre" influências e contextos no qual nem a soberania do consumidor nem a manipulação que o atinge é revelada, ou seja, o consumo toma a forma de uma participação disciplinada dos consumidores dentro de um conjunto de práticas sociais que um sociólogo deve compreender. Assim, as gratificações do consumo estão em grande parte relacionadas às práticas que lhe são inerentes e acopladas, de forma que os benefícios que ele oferece não podem ser medidos por uma escala de valores comum, pois contemplam dimensões diferenciadas.

O vinho na web

No fim da primeira década dos anos 2000, o vinho passou a contar com um novo espaço de discussão e opinião, a partir da criação de diversos sites e blogues sobre o tema. Graças aos avanços das novas tecnologias, à edição e à midiatização, os blogues tornaram-se práticas acessíveis ao público em geral e distinguiram-se pela praticidade, já que as publicações na web disseminam-se em um ritmo mais acelerado e têm maior alcance do que os impressos. Diante das novas tendências, vinícolas e instituições representativas e promotoras dos vinhos de cada região passaram a investir em versões web de suas publicações impressas.

Nesse contexto da democratização do espaço das publicações, os amantes de vinhos mais aplicados começam a ganhar visibilidade no seu círculo de amigos e, em alguns casos, seus blogues ou páginas web saíram da condição de registro pessoal e se tornaram um espaço especializado. Com a consolidação desse fenômeno, passa a existir uma fronteira com limites pouco definidos entre o enófilo e a imprensa, o vendedor e o especialista, o consultor e o jornalista, isto é, as fronteiras do que se escreve e se noticia sobre o vinho, o seu mercado e o seu consumo ficaram absolutamente embaralhadas.

Se para alguns os blogues são apenas mais um canal de publicações sobre o vinho, para outros eles são a porta de entrada para projetar-se como um verdadeiro *expert* no tema, assim, a consolidação de alguns como especialistas dessa área é consequência do número de acessos que suas páginas têm, já que em grande parte os acessos estão ligados ao número de postagens realizadas e pela mobilização do leitor por causa da promessa de novidade que cada nota sugere.

Para que um blogue seja muito acessado, ele tem que provocar curiosidade e ser convidativo para induzir o leitor a visitá-lo a todo momento. Várias estratégias são adotadas a partir dessa finalidade (como as chamadas disseminadas via e-mail, Facebook, Twitter e outros canais), o que fará com que a quantidade de acessos favoreça a página em um *ranking* de audiência, podendo torná-la um potencial veículo de publicidade de marcas de vinhos, por exemplo.

Com a expansão do consumo para novos mercados aliada às novas tecnologias abordadas pelo marketing, ser um consumidor de vinhos torna-se, aos poucos, ser um *connoisseur*. Nesse sentido, é como se todos pudessem, em tese, experimentar e tecer comentários sobre os vinhos, principalmente se o discurso refere-se mais à apreciação organoléptica. Nesses comentários não se trata de possuir um saber catedrático cujo parecer está fundamentado por conceitos, embora o possa ser e o seja para aqueles que se aprofundam no estudo desse universo; trata-se de apresentar uma competência que é difícil de se avaliar porque refere-se a uma vivência empírica muito pessoal e dificilmente verificável de modo objetivo.

Nesse novo cenário das mídias, o mundo do consumo e os especialistas de vinhos começam a caminhar juntos, o que acaba por incomodar bastante os que realmente estudam e se especializam no tema. Essa pulverização do discurso tem a ver, no entanto, com o próprio marketing do vinho em relação ao desafio sensorial que propõe e com a ênfase dada à dimensão do gosto como indicador central de sua qualidade. Efetivamente, todos sabem que não há um saber canônico em relação ao gosto e que, por mais que existam especialistas no tema, é difícil estabelecer um debate com argumentos inquestionáveis a respeito. Julgar uma crítica sobre vinhos tem, assim, tanto valor quanto a própria crítica – ambas redutíveis ao imaginário intersubjetivo e variável do gosto.

Pode-se dizer, então, que o formato ensaístico da apreciação do vinho inaugurado emblematicamente pela figura de Robert Parker, com suas interpretações às vezes um tanto excêntricas sobre o gosto da bebida (Aguiar, 2008), funciona quase como um braço do marketing da indústria do vinho. Os consumidores que têm menos conhecimentos sobre o produto tendem a criar uma relação de adoração com o suposto saber de um degustador de vinhos, já que ele não apenas pode dar dicas do que consumir como também ensinar-lhes a perceber o que ainda não lhes é sensível ao olfato e ao paladar.

De fato, percebe-se que o exercício contínuo de degustações atentas e o conhecimento de um amplo repertório de vinhos propicia um refinamento das apreciações da bebida, o que pode contribuir para julgamentos mais justos em termos do que se toma, consensualmente, como indicadores de qualidade no âmbito da *expertise* do vinho. As escolhas podem não corresponder ao que cada consumidor aprecia de fato, dada a dimensão subjetiva, cultural e contextual do gosto, mas elas podem ser justificadas por alguns parâmetros estabelecidos no meio. Nesse sentido, quanto menos objetivas, mais as avaliações ficam à mercê do livre ensaio que apenas comunica impressões pessoais sobre o vinho.

Brincando com o vinho

Como já dito anteriormente, o consumidor contemporâneo é, de modo geral, um hedonista, um *bon vivant*. Valoriza muito os seus momentos de ócio e considera o ato de consumir um entretenimento tão ou mais importante do que os produtos que adquire em si. Assim, à medida que esse consumidor se sente mais à vontade na condição de degustador de vinhos, começa a desvendar esse universo em busca de cultura e entretenimento, participando de encontros, feiras, degustações e harmonizações, desdobramentos prazerosos do produto, assim como do desafiante ato de interpretar as características presentes em seus aromas e sabores, identificar elementos em sua composição, harmonizá-lo, visitar confrarias com recortes diferenciados a cada sessão (uvas, regiões, tipos de vinhos), etc.

Os principais apelos do mercado contemporâneo de vinhos são: formar consumidores especializados e criar situações de lazer para eles. Em mercados iniciantes, como o brasileiro, essa estratégia funciona tão bem quanto em mercados mais tradicionais, como o francês, em que esses apelos captam tanto o público mais jovem, que toma menos vinho, como também o público mais maduro, interessado em modificar sua relação de consumo, valorizando-a com produtos melhores em momentos considerados especiais.

Tornar a experiência do consumo marcante e investir no trabalho lúdico é algo que atualmente as empresas buscam para suavizar o cotidiano exaustivo das grandes cidades e envolver o consumidor na relação que ele estabelece com o produto ou com ela própria. Para isso, há até mesmo uma disciplina que se ocupa de construir, a partir das técnicas e do *design* de jogos, dispositivos atraentes para desafiar os indivíduos a solucionarem problemas: chama-se *gamification*, ou gamificação, em português. Esse recurso tem feito sucesso no meio empresarial, já que transforma atividades que poderiam ser consideradas chatas em um passatempo divertido, capaz de solicitar uma participação mais ativa do sujeito (Junior, 2014).

As novas tecnologias transformaram a sociabilidade e facilitaram a expansão do mercado. Como sabemos, o comércio eletrônico vem ganhando cada vez mais expressividade conforme suas ferramentas e ações ganham confiabilidade e tornam-se recursos facilitadores e práticos. A hospedagem na web, por exemplo, custa bem menos do que todos os custos envolvidos em uma operação comercial física, isto é, aluguel, impostos, infraestrutura e funcionários – todos os gastos são reduzidos, diminuindo o preço final do produto e garantindo a comodidade ao cliente. Dessa forma, o mercado de vinhos, já bastante onerado pelo longo e sensível ciclo de produção, pelo aumento da qualidade média e pelos impostos, encontra na internet uma alternativa de barateamento dos custos, de praticidade para o consumidor e de oferecimento de serviços acoplados ao consumo.

Nesse âmbito on-line surgem, por exemplo, os clubes dos vinhos, uma abordagem estratégica criada por importadoras para fidelizar o cliente. O consumidor acessa um site, faz um cadastro e compromete-se a pagar uma quantia mensal para receber um *kit* com três vinhos escolhidos pelos seus *sommeliers*, uma forma de suprir a demanda do cliente com vinhos com bom custo-benefício. Além disso, esses clubes fornecem informações sobre o produto, seu uso, brindes e organizam promoções às vezes. Naturalmente, os clubes trabalham com a rotatividade dos vinhos que mais lhes interessam, mas como a proposta é administrar o consumo do cliente e introduzi-lo nesse universo, há uma busca por produtos diferentes, com faixas de preço muitas vezes menores do que as que encontramos no varejo comum.

Esse tipo de ação funciona especialmente com o consumidor iniciante, que não se sente muito seguro para escolher os vinhos e tem nas escolhas feitas pela empresa uma oportunidade de conhecer produtos distintos e de receber outras orientações. A fidelização

Figura 1. Multiplicam-se os portais que reúnem blogues temáticos no mundo inteiro. Os Enoblogs concentram uma grande rede de blogues sobre vinhos no Brasil.
Disponível em: http://www.enoblogs.com.br. Acesso em 13-5-2015.

garante às importadoras uma receita fixa e, por essa razão, fazem investimentos em ferramentas para tornar a compra ainda mais lúdica e atrair o seu consumidor. Além disso, exibem no site seus *sommeliers,* atribuindo-lhes suas respectivas credenciais, dialogam com a imprensa especializada sobre os seus produtos para que eles sejam indicados, apresentam dicas de acompanhamento para os vinhos, etc.

Como esse tipo de investimento é considerado uma estratégia de vendas mais moderna, acessível pela internet e, portanto, mais atraente a um público também "moderno", as importadoras investem bastante no *design* de suas páginas na web e em uma linguagem jovial, que ratifique a estratégia de rejuvenescer e informalizar o mundo do vinho.

Na França, além dos inúmeros blogues de *amateurs du vin*,[5] há uma participação substancial dos produtores nessa modalidade de divulgação, especialmente os mais jovens e familiarizados com essas ferramentas. Pela rede social, os produtores apresentam seus vinhos e começam a exercer o papel de formadores da cultura do vinho, o que pode gerar vendas físicas ou pela internet, além de fomentar o enoturismo. Como o consumidor francês costuma ser bastante patriota, valoriza a memória cultural e tem forte relação com o campo agroalimentar, os seus discursos têm uma tendência mais ideológica, de valorização do *terroir*, da região e das tradições culturais, por isso o novo produtor deverá mesclar as inovações com a cultura tradicional.

---

[5] "Amantes do vinho", em português.

Essa dualidade, às vezes contraditória, permeia o discurso do vinho em vários locais e, embora em alguns aspectos as diferenças entre o Velho e o Novo Mundo ou entre o discurso sobre a origem e o discurso sobre o gosto sejam nítidas, no período que segue à consagração do vinho moderno esses elementos mesclam-se em termos de métodos e de relacionamento com o mercado. O modo de falar e de comunicar pode ser atual, mas o discurso fundamenta-se no legado dos cânones da qualidade, resgatando de forma impressionante o termo *terroir* (nem sempre as práticas que envolvem esse conceito), as notas de degustação, as citações em guias de especialistas e os prêmios em concursos que são criados a todo momento.

Novos territórios de consumo

Com os avanços tecnológicos, passam a integrar o mundo do vinho os aplicativos para mídias móveis, como *tablets* e celulares. Um dos aplicativos mais difundidos é o Vivino, por meio do qual é possível adquirir informações sobre a origem, a produção, a avaliação e o modo de consumo do produto escaneando-se os rótulos. Outro recurso, que pode ser financiado pelas vinícolas, é o QR Code, por meio do qual os dados sobre um determinado vinho são informados a partir da leitura de um código impresso no rótulo, que pode ser lido por um *smartphone*. Esses são exemplos de recursos desenvolvidos para orientar o consumidor.

Para além dessas estratégias de aproximação do consumidor, há ainda algumas políticas de personalização do produto que atraem compras, como quando um certo lote de vinhos leva a assinatura do cliente no rótulo sob encomenda, ou como a promoção de uma vinícola brasileira, durante um grande evento de vinhos que acontece anualmente em São Paulo,[6] em que se apresentava aos frequentadores da feira um vinho ainda sem rótulo, em fase final de elaboração, a fim de ouvir a sua opinião. Nesses casos, o consumidor é colocado na posição de colaborador da produção e suas preferências podem se sobrepor à receita de origem.

Poderíamos dizer que estamos diante de um fenômeno que aponta a tendência a uma noção de *terroir* extensiva ao consumidor? Em tese, toda noção de *terroir* deveria ter uma dimensão do consumidor, já que se refere a uma produção que se consagrou ao longo do tempo junto a uma cultura, a uma coletividade. No entanto, essa contribuição do gosto de quem aprecia a bebida é menos direta.

Um documento[7] produzido pelo Comité National des Conseillers du Commerce Extérieur de la France (CNCCEF)[8] em outubro de 2009, a partir de uma consultoria para a OIV, analisa o cenário da primeira década do século XXI do mercado do vinho e, a partir disso, faz projeções sobre a situação da vitivinicultura mundial em 2050. Dentre outras tendências apontadas,

---

[6] Ação da vinícola Pizzato na Expovinis de 2014.
[7] *Le vin dans le monde à l'horizon 2050* ("O horizonte do vinho no mundo em 2050", em português).
[8] "Comitê Nacional dos Conselheiros do Comércio Exterior da França", em português.

menciona a existência de uma espécie de *terroir* do consumo, expressão cunhada pelo presidente da comissão James de Roany[9] que significa justamente pensar em uma qualidade do vinho a partir da inscrição das preferências do consumidor de cada região.

O que Roany e os membros de sua equipe sugeriram com os estudos que fizeram é que haverá uma influência mais acentuada dos consumidores na produção dos vinhos considerando as variações culturais regionais, isto é, de acordo com as projeções, grandes grupos internacionais compostos por uma cadeia que inclui produtores, negociantes, importadores e distribuidores trabalharão com o vinho a granel cujas *assemblages*, engarrafamentos e rotulagens serão feitos localmente, nas regiões de consumo, de acordo com as preferências locais.

Essa logística produtiva, já presente nos nichos de outros produtos massivamente industrializados, poderia baratear custos e garantir mais êxito nos mercados locais do vinho. Resta saber, contudo, se ela de fato acrescentaria algo de positivo a um produto tão sensível a operações industriais e ao qual o valor diferencial está agregado à representação de uma cultura e à diversidade produtiva. Talvez essa seja uma boa estratégia para a gama de produtos de grande rotatividade, pois tende a homogeneizar os vinhos de acordo com um denominador regional comum, uma vez que parte da premissa de diminuir custos e agilizar processos mais

---

[9] Conferência no evento Le Vin 2.0, em dezembro de 2011, em Paris.

do que de alcançar a diversidade das preferências dos consumidores.

O pequeno formato empresarial do agronegócio do vinho permite um contato mais personalizado entre o consumidor e os produtores, a começar pelo enoturismo, que permite ao cliente visitar as acomodações da vinícola, degustar seus vinhos e comprá-los na loja. Em alguns lugares, há até mesmo a possibilidade de se hospedar no local, fazer refeições harmonizadas com os vinhos e participar da colheita de uvas, o que auxilia no processo de fidelização do consumidor e também na divulgação das próprias vinícolas, visto que a experiência prazerosa de um determinado cliente pode ser compartilhada com amigos via redes sociais ou mesmo por indicação deles.

Junto a essa tendência de inclusão da preferência do consumidor na concepção do produto, há ainda o vinho produzido em função da situação de consumo, mais direcionado à percepção ou à forma de consumo do consumidor, como os vinhos portugueses Pimenta e Feijoada: o primeiro remete à especiaria que supostamente está no gosto do vinho; o segundo traz o nome do prato típico com o qual ele deve ser consumido.

O consumo 3.0

Philip Kotler (2010), excelência da bibliografia do marketing, segmenta o *status* da disciplina em três estágios de desenvolvimento de acordo com fatores econômicos, sociais e políticos que influenciam uma determinada época: o marketing 1.0, que ocorre a partir da

Revolução Industrial quando o homem, com o auxílio das máquinas, começa a dominar o processo de produção e fabrica, de forma seriada, uma gama de produtos capazes de atender às necessidades genéricas dos consumidores; o marketing 2.0, referente à época em que a sociedade já tem uma variedade de produtos de distintas marcas em concorrência acirrada e o consumidor é informado, mais exigente e busca diferenciais nos produtos; e o marketing 3.0, contemporâneo.

A partir do século XXI, quando o chamado marketing 3.0 tem início, segundo Kotler, a dimensão ideológica começa a influenciar a compra, compartilhada por diferentes "tribos" em suas redes sociais. Nesse momento, o consumidor quer mais do produto, não apenas aquilo que está conectado à satisfação pelo seu uso, mas também outros benefícios. Com isso, a empresa deverá estar atenta aos valores dos consumidores, posicionando-se discursivamente e concretamente, por meio de ações, em acordo com seu público-alvo.

Na primeira fase, o marketing era orientado pela transação, concentrava-se em como efetuar a venda. Na segunda fase, o marketing tornou-se orientado pelo relacionamento – como fazer o consumidor voltar e comprar mais. Na terceira fase, convida os consumidores a participar do desenvolvimento de produtos da empresa e de suas comunicações.
(Gomes & Kury, 2013)

Ser consumidor é um denominador comum na sociedade contemporânea, uma prática que congrega todos e que pode criar identificações culturais, econômicas e políticas entre grupos que optam por comprar um produto ou outro de alguma forma, além de todos buscarem sempre uma otimização dos serviços oferecidos por uma empresa, como a relação custo-benefício envolvida na compra de um produto, por exemplo. É nesse sentido que as práticas de relacionamento com as empresas têm se institucionalizado e várias associações que buscam orientar e defender os consumidores, conscientizando-os dos seus direitos, têm surgido.

Com a expansão das redes sociais virtuais, o consumidor acaba por ter um maior poder no ciclo de consumo, pois, diante de uma insatisfação ou de uma situação de extremo prazer, é capaz de reunir milhares de pessoas em torno de alguma causa. Por conta disso, as empresas também vão às redes sociais para se promover e para "monitorar" os seus clientes, intervindo quando necessário.

Na sociedade atual, podemos dizer que há uma espécie de exercício da cidadania pelo consumo, já que, em termos de direitos e deveres, todo consumidor é igual e lutará em defesa dos mesmos interesses. No universo do vinho, um bom exemplo disso é um site carioca que funciona como guia do consumidor de vinhos em relação a onde comprar, comer e beber, trabalhando com muitas enquetes para projetar as escolhas e os julgamentos do leitor e do consumidor. No site, há também indicações e denúncias quanto a preço, atendimento, serviço, entre outros, tornando o consumidor alguém que efetivamente determina, em partes, o funcionamento do mercado.

Quanto voce compra de vinhos por mes?

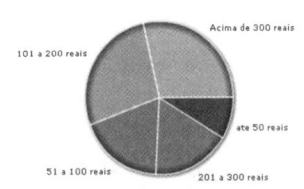

Answer Text	Votes	%
Acima de 300 reais	52	28%
101 a 200 reais	50	27%
51 a 100 reais	34	19%
201 a 300 reais	31	17%
ate 50 reais	16	9%
	183	

Onde você mais compra vinhos?

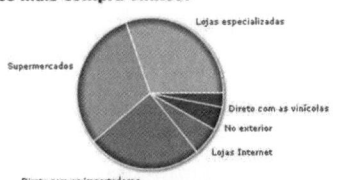

Answer Text	Votes	%
Lojas especializadas	80	30%
Supermercados	80	30%
Direto com as importadoras	66	25%
Lojas Internet	16	6%
No exterior	13	5%
Direto com as vinícolas	8	3%
Só bebo em restaurantes	0	0%
	263	

FIGURA 2. ALGUMAS DAS VÁRIAS ENQUETES COM OS LEITORES REALIZADAS PELO BLOGUE DE VINHOS *ENOEVENTOS*.

De modo geral, em todas as categorias de produtos, o preço é uma reivindicação unânime, embora, em relação aos vinhos, a qualidade superior possa eventualmente justificar um custo mais alto. Nesse caso e nos chamados mercados de qualidade, o debate que ocorre sobre aspectos que qualificam o produto tem aumentado significativamente à medida que a própria disseminação da lógica fordista (preço mínimo × funcionalidade) deixa de lado aspectos que podem ser nocivos à sociedade. Assim, o debate sobre os efeitos problemáticos da produtividade a qualquer custo ganha em relevância diante das consequências verificadas empiricamente na qualidade de vida, na saúde e no meio ambiente.

Se antes o discurso midiático "protegia" os anunciantes em muitos casos, as redes sociais e os debates transversais dos consumidores têm ganhado forças para contestar todas as situações que não lhe parecem nocivas em relação ao consumo. No caso do vinho, por exemplo, percebe-se isso pelo crescimento da produção de vinhos orgânicos, fenômeno ainda incipiente no Brasil, mas bastante significativo na Europa e na América do Norte ou, ainda, na produção de vinhos com baixo teor alcoólico, que fomenta muitas pesquisas na França. A graduação alcoólica média foi aumentada na contemporaneidade do vinho, saltando de 12° ou 13° para 14° ou 15°, o que pode provocar mais malefícios com o consumo contínuo.

Esse engajamento ideológico do consumo também está entre as tendências apontadas pelo documento do CNCCEF,[10] citado anteriormente. Roany diz que os novos consumidores de vinho a serem conquistados pelo mercado se ocupam de aspirações individuais e coletivas ao mesmo tempo. Questões de saúde pública, segurança alimentar e ecorresponsabilidade ganham relevo e são defendidas publicamente nas redes sociais, que usam de seus poderes gregários para ganharem força política e exercerem censura às práticas abusivas do mercado.

---

[10] *Le vin dans le monde à l'horizon 2050* ("O horizonte do vinho no mundo em 2050", em português).

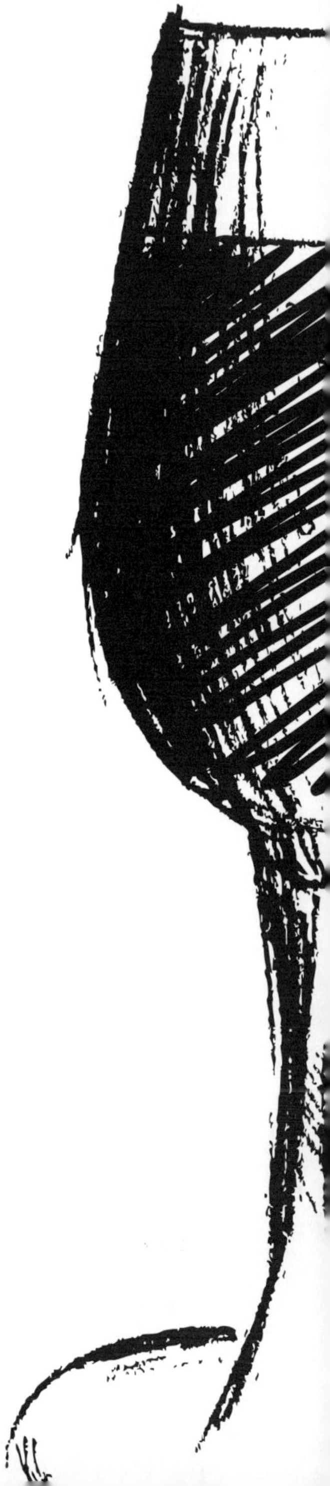

O vinho no Brasil

Eu vejo o futuro repetir o passado
Eu vejo um museu de grandes novidades
O tempo não para
Não para, não, não para.

CAZUZA (1988)

O Brasil produtor

A cultura da vinha foi instaurada pelos portugueses no Brasil nas primeiras décadas da colonização do país, já que seu cultivo era muito habitual em Portugal. Contudo, a forma pela qual ocorreu a exploração do território pelo Império Português e depois alguns aspectos da constituição brasileira impediram, ou pelo menos não favoreceram, um desenvolvimento significativo da vitivinicultura no Brasil, apesar da existência de alguns ciclos de desenvolvimento provocados por eventos que estimularam e orientaram a direção da produção local. Esses ciclos serão apresentados em seguida, traçando uma linha histórico-evolutiva do vinho no Brasil até os dias atuais.

AS ORIGENS

As primeiras mudas de videira foram trazidas ao Brasil por Martim Afonso de Souza, um nobre e militar português enviado pelo Reino de Portugal, em 1532,[1] para ocupar uma parte do território colonizado, ameaçado pelas explorações francesas. Desse modo, as mudas de *Vitis vinifera*[2] foram cultivadas inicialmente na então Capitania de São Vicente, fundada e administrada por esse português. Para além dessa data, há registros da viticultura brasileira em 1549, quando era praticada pelos padres Manoel da Nóbrega e Simão de Vasconcelos, e em 1553, quando era praticada pelo padre Anchieta na região litorânea do estado de São Paulo, de onde difundiu-se para os estados do Paraná, de São Paulo e de Minas Gerais. Ainda no século XVI,

---

[1] Disponível em: http://ibravin.org.br. Acesso em 28-1-2015.

[2] *Vitis vinifera* é a casta mais nobre de uvas europeias, tradicionalmente utilizada para a vinificação e responsável pelos vinhos mais creditados em qualidade. *Vitis labrusca, Vitis riparia* e outras são comumente chamadas de "americanas", e as cepas "híbridas" originam-se do cruzamento entre as americanas e as europeias. Denominadas "comuns", as uvas pertencentes às duas últimas categorias não seriam muito apropriadas para vinificar, mas sim para a produção de sucos de uvas e porta-enxertos. Os vinhos comuns têm como característica fundamental o forte aroma e sabor de uva, os quais geralmente não estão presentes nos vinhos de castas nobres. São, entretanto, produzidos em muitas regiões do mundo, principalmente naquelas com condições ambientais precárias para as viníferas. No Brasil, cuja legislação não mostra nenhum empecilho ao reconhecimento do produto das uvas comuns como vinho e onde elas apresentam grande fertilidade, essa produção é predominante. Diversos países europeus, porém, não permitem ou creditam valor à elaboração de vinhos a partir das uvas comuns (Amarante, 1986).

a cultura da vinha alcançou as regiões dos estados da Bahia e de Pernambuco, estimulada pelos holandeses.

Apesar dessa aparente popularização, as experiências com a viticultura não puderam ser sustentadas pelas condições climáticas desfavoráveis das regiões e também porque, ao longo dos séculos, os ciclos da cana-de-açúcar (séculos XVI e XVII), do ouro (século XVIII) e do café (séculos XIX e XX) ocultaram a sua importância (Miele & Miolo, 2003), já que adequavam-se melhor ao perfil econômico colonial do Brasil, centrado na extração de matéria-prima e monoculturas em larga escala. A viticultura, especialmente da espécie *vinifera*, tem, de modo geral, ciclos longos, baixa produtividade e requer um cuidadoso acompanhamento, não sendo, portanto, um investimento tão rentável para a perspectiva colonialista da época.

Como desenvolveu-se inicialmente por intermédio dos missionários jesuítas, podemos relacionar os tímidos avanços da viticultura do período colonial com a própria religião católica, que necessitava dela para suprir as demandas ritualísticas que, por sua vez, eram modos de catequizar as populações recém-colonizadas. Por volta de 1626, por exemplo, o padre jesuíta Roque González, de Santa Cruz (RS), introduziu nessa cidade, com a ajuda dos índios, o cultivo de cepas oriundas da região das Missões para produzir os vinhos que eram utilizados nos cultos religiosos dos jesuítas instalados na região.

Apesar dos esforços, a chegada dos bandeirantes paulistas à região e a destruição das Missões interromperam o empreendimento, o que desencadeou também o desaparecimento das variedades de *Vitis vinifera* espanholas no Rio Grande do Sul. Na região, uma nova tentativa de produção ocorreu na região litorânea com a chegada de imigrantes açorianos, mas as condições desfavoráveis de clima e solo impediram que a experiência seguisse adiante. Assim, entre os anos de 1500 e 1800, contamos com algumas iniciativas de produção inibidas por fatores climáticos, econômicos e culturais (Dal Pizzol, 1988, p. 26).

1808 A 1950 – O BRASIL IMPERIAL, A IMIGRAÇÃO E A EFETIVA INTRODUÇÃO DA CULTURA DO VINHO NO PAÍS

O século XVIII inaugura uma fase bem mais promissora para a efetiva introdução do vinho na cultura brasileira em razão de vários aspectos. O primeiro deles é o fato de a corte portuguesa ter sido transferida para o Brasil, já que, na condição de Reino Unido de Portugal, havia mais estímulo ao crescimento da produção e incorporação de hábitos da cultura imperial nos territórios brasileiros, fazendo com que os vinhos portugueses e nacionais fossem incorporados às reuniões sociais e às numerosas festividades religiosas. O segundo aspecto corresponde ao início dos ciclos de imigração alemã no país, em 1824,[3] o que também favoreceu o aumento do consumo da bebida graças à familiaridade desses povos com ela.

Para além dos já mencionados, há outro fator fundamental que favoreceu a inserção do vinho na cultura brasileira no âmbito da produção nacional: a partir

---

[3] Disponível em: http://ibravin.org.br. Acesso em 28-1-2015.

de 1839 passaram a chegar no país as uvas americanas, como as das espécies *Vitis labrusca* e *Vitis bourquina*, trazidas pelo gaúcho Marques Lisboa e pelo comerciante Thomas Messiter. Essas uvas eram cultivadas nas regiões da Ilha dos Marinheiros e da Lagoa dos Patos, no Rio Grande do Sul. Os colonos alemães, que já haviam introduzido uma modesta vitivinicultura para consumo doméstico na região de São Leopoldo (RS), eram fornecedores de grande parte das videiras da uva Isabel, cultivadas no alto da região serrana a partir de 1875 pelos imigrantes italianos (Dal Pizzol, 1988).

Em 1875, portanto, a existência da vitivinicultura brasileira consolidou-se com a chegada de um grande contingente de imigrantes italianos à região da Serra Gaúcha e com a produção de vinhos provenientes do cultivo das uvas americanas. A grande fertilidade, a resistência às pragas e a versatilidade dessas uvas consumidas *in natura*, utilizadas na produção de sucos, vinhos e destilados, favoreceram a sua incorporação em detrimento da vinífera, já que elas se adaptaram melhor ao clima da região serrana, constantemente surpreendida com os verões chuvosos que desfavoreciam a maturação das uvas e as tornava mais vulneráveis às doenças parasitárias.

Importante notar que diferentemente do português colonizador, que via o Brasil como uma fonte de bens primários e como um potencial mercado consumidor para suas manufaturas, os imigrantes que se estabeleceram no país a partir do século XIX o adotaram como a pátria na qual dariam continuidade às suas vidas. Assim, suas produções visavam à subsistência e à criação de um mercado local, que seria fonte de renda para as novas gerações. Ao estilo europeu, essa vitivinicultura conservava traços de um negócio familiar, cujos saberes e propriedades eram passados de uma geração a outra e expressavam muito de cada identidade cultural.

De uma produção doméstica para consumo próprio, a exemplo da alemã, a vitivinicultura italiana expandiu-se rapidamente, influenciada pela expressiva tradição dos imigrantes provenientes em sua maioria de províncias das regiões do norte da Itália (Trentino, Treviso, Verona, entre outras), áreas nas quais a vinha e o vinho já eram culturas tradicionais (Aguiar, 2008). A vitivinicultura foi e é uma atividade fundamental para o núcleo italiano[4] da Serra Gaúcha, que engloba as cidades de Bento Gonçalves, Flores da Cunha, Garibaldi, Farroupilha, Caxias do Sul, entre outras.

A INTERNACIONALIZAÇÃO DO PADRÃO DE QUALIDADE – PRIMEIRO CICLO: 1951 A 1989

No período que vai do fim do século XIX às primeiras décadas do século XX, houve um aperfeiçoamento dos métodos e dos dispositivos de produção, do armazenamento e do transporte do vinho com a finalidade de expandir esse mercado. Isso ocorreu de modo

---

[4] Na Serra Gaúcha, existem três partes nas quais predominam culturas e atividades econômicas mais afinadas com as origens de sua população: o núcleo italiano do vinho; o núcleo gaúcho, mais identificado com a cultura dos Pampas com as criações de gado e a indústria de couro; e o núcleo alemão, que envolve as cidades turísticas de Gramado e Canela, onde predominam a produção de móveis, malharias, chocolate, entre outros.

expressivo no Rio Grande do Sul, mas também em outras regiões do Sul e do Sudeste do Brasil, em que a produção de vinhos havia se desenvolvido, como Santa Catarina, Paraná, São Paulo e Minas Gerais.

Nessa altura, o brasileiro começava a criar gosto pelo consumo do vinho, especialmente os de cor violácea, com paladar adocicado e fartamente comercializado em garrafões de 5 l. Consumido com mais frequência em regiões de imigração italiana, o vinho ganhou um *status* de bebida para festividades familiares. Os vinhos brancos também passaram a ser produzidos em alguns dos lugares em que a bebida era mais cultuada, como em Urussanga (SC), cuja matéria-prima era a variedade híbrida Goethe (uva americana + vinífera) italiana que adaptou-se à região.

Pautadas nos *cases* de sucesso empresarial, inspiradas em modelos de excelência em qualidade e em uma retórica de estímulo à sociedade da abundância, as grandes marcas internacionalizam-se em meados do século XX, quando o perfil norte-americano de consumo emergiu. Nesse contexto, os produtos mais facilmente industrializáveis eram os mais populares, como os da indústria automobilística, os eletrônicos, os têxteis, os cosméticos e, no âmbito alimentar, os que dependiam menos de ingredientes naturais.

Naturalmente, o vinho não se encaixava nesse paradigma, mas o seu segmento de mercado concorria diretamente com esses outros produtos, e uma das estratégias empregadas para protegê-lo foi o fortalecimento das marcas e a extensão da produção aos mercados com potencial de crescimento e custos de produção mais baratos. Assim, os produtores de vinho valeram-se do prestígio da marca e do *know-how* de produção para estabelecer suas bases de crescimento em novos centros consumidores, o que gerou o primeiro ciclo de internacionalização dos vinhos brasileiros, determinante para semear os frutos que colhemos atualmente no segmento.

Em 1951, estabeleceu-se em Garibaldi a vinícola francesa Georges Aubert, dividindo espaço com a Casa Peterlongo, a primeira a produzir espumantes no Brasil, o Champagne da Casa Peterlongo. Menos por um ímpeto expansionista do que pela busca de uma alternativa de negócio em um período crítico para a Europa, essas famílias do sudeste francês vieram ao Brasil para produzir aquilo que dominavam: o *vin mousseux*, expressão usada para definir o vinho espumante genérico da França, sem Denominação de Origem.

A Georges Aubert introduziu o método Charmat na produção brasileira de espumantes, método esse em que a fermentação não ocorria nas garrafas, mas sim em autoclaves. Com essa inovação e *expertise*, a empresa conquistou um mercado expressivo que não se restringia a vinhos, produzindo também uísques, gins e vermutes. Seu exemplo foi seguido por outros projetos de expansão multinacional (Rosa, 2013).

A Martini & Rossi, potente grupo internacional, chegou em 1951 em São Paulo onde, em 1958, começou a produzir o vermute, seu carro-chefe. Em 1957, a empresa dedicou-se à produção de um vinho que fez história no

Brasil, o Château Duvalier e, mais tarde, dedicou-se ao Champagne De Greville, proveniente das terras adquiridas em Garibaldi (Clemente & Hungaretti, 1993). Outras empresas, como a Heublein, Maison Forestier, Chandon, Cinzano, Almadén, etc., valeram-se da mesma estratégia de produção.

Apesar de ameaçarem o mercado interno pelo fato de inovar conceitos, técnicas e tecnologias, além de trabalhar com um marketing mais agressivo, essas empresas acabaram contribuindo com a popularização do vinho entre novos públicos, estabelecendo as bases para o que ocorre atualmente nesse segmento do mercado brasileiro. Para atuar nessas empresas, foram contratados enólogos estrangeiros, desafiados a alcançar resultados que otimizassem qualidade e vendas.

O primeiro ciclo de internacionalização do vinho brasileiro foi fundamentalmente importante para iniciar as produções a partir de uma tecnologia mais sofisticada empregada nas uvas viníferas. O vinho fino começou então a surgir, assim como as novas técnicas que buscavam reconhecer as aptidões do território brasileiro e adaptá-las às produções mais qualificadas. A primeira geração de enólogos que se estabeleceu no país fundou as bases da produção de espumantes, atualmente o produto vitivinícola brasileiro mais consagrado como vinho de qualidade e nivelado com a concorrência internacional. Dois desses enólogos continuaram no Brasil e têm hoje suas próprias vinícolas, voltadas em grande parte à produção de espumantes (Raigorodsky, 2013).

Garibaldi tornou-se, então, um centro de produção de espumantes. Muitas das vinícolas instaladas na região tinham esse tipo de vinho como um de seus investimentos principais e passaram a explorar o mercado sem preocupar-se em criar uma identidade associada à cultura do vinho, como a Chandon,[5] braço da poderosa Moet & Chandon, produtora de *champagnes* na França. Outras empresas, como a Martini & Rossi e a Maison Forestier, tiveram seus anos de glória, mas não sobreviveram às crises do fim dos anos 1980. No caso da primeira, sua grande estrutura foi vendida para a vinícola Perini, originalmente de Farroupilha; no caso da segunda, suas instalações hoje são exploradas pela vinícola Gran Legado, na Serra Gaúcha. Anos mais tarde, em 2012, a Georges Aubert também declarou falência (Ucha, 2013).

O grupo norte-americano Almadén inseriu-se no mercado brasileiro com a venda de vinhos varietais, que passaram a predominar em várias celebrações, como coquetéis e festividades de maior sofisticação, dividindo espaço com uísques. Nesse momento, outro passo foi dado para a criação de novos perfis de produção, já que seus vinhedos estavam plantados fora da microrregião da Serra Gaúcha, próximos da fronteira com o Uruguai, na Campanha Gaúcha.

A Campanha é atualmente um dos celeiros da nova produção vitivinícola brasileira. Tendo como centro as cidades de Santana do Livramento e Bagé, encontra-se no "paralelo 31° sul" a clássica faixa latitudinal, com

---

[5] Disponível em: http://chandon.com.br/a-chandon/historia. Acesso em 28-01-2015.

terras e clima propícios à produção de frutas, principalmente de uvas. Foi recomendado ao grupo Almadén produzir uvas nessa microrregião e, em 1974, a empresa deu início ao grandioso projeto para a produção dos vinhos varietais, que se consolidou quase dez anos mais tarde, em 1983. Em 2001, o grupo foi comprado pela multinacional francesa Pernod Ricard, então pertencente à Seagram, e seu vinhedo, o maior da América Latina, foi incorporado ao Miolo Wine Group em 2009.

Os anos 1980 e 1990 foram marcados pela ascensão dessas produções multinacionais de vinhos de viníferas no Brasil, do mercado de vinhos de mesa e da consagração de algumas grandes marcas importadas no varejo brasileiro, como os vinhos alemães de garrafa azul (Liebfraumilch), o destaque de muitos casamentos e celebrações. Nas categorias mais caras, marcavam presença os Frascatis, Valpolicellas italianos e, posteriormente, os Proseccos, hoje marcas bem mais raras e menos qualificadas face à grande variedade de rótulos que começou a inserir-se no mercado brasileiro a partir da década de 1990, quando teve início uma nova tendência de comercialização de vinhos. Essa nova fase gerou reflexos profundos no perfil da produção vitivinícola brasileira e inaugurou um novo ciclo de internacionalização do padrão de qualidade para os vinhos produzidos no Brasil.

De acordo com Adolfo Lona (2003), entre 1970 e 1980 a viticultura da Serra Gaúcha, que antes contava com poucas variedades viníferas de origem italiana como Trebbiano, Barbera e Bonarda, foi enriquecida com a introdução de uvas de potencial qualitativo superior, como o Riesling Itálico e as castas francesas

Sémillon, Cabernet Franc e Merlot. Dessas castas, surgiram os primeiros vinhos varietais brasileiros e, por causa delas, a produção dos vinhos brancos evoluiu muito, pois foram introduzidos novos sistemas de prensagem (que permitiam a extração do suco da uva com mais delicadeza) e novas tecnologias para controle de temperatura da fermentação dessas uvas – importante na obtenção de vinhos com aromas frutados intensos e persistentes.[6] A partir de 1980, mais variedades de grande potencial chegaram ao Brasil, como as brancas Chardonnay, Sauvignon Blanc, Riesling do Reno e Gewürztraminer, e as tintas Cabernet Sauvignon, Tannat e Pinot Noir.

A INTERNACIONALIZAÇÃO DO PADRÃO DE QUALIDADE – SEGUNDO CICLO: 1990 A 2001

Como mencionado no capítulo 3, a partir do final da década de 1970 uma nova era para o mundo do vinho inaugurou-se com o simbólico Julgamento de Paris, em 1976, quando os vinhos do Novo Mundo passam a figurar entre os melhores. Nessa altura, o modelo norte-americano passou a ser seguido por vários países do Novo Mundo, incluindo o Brasil, mais tardiamente, na década de 1990.

Um conjunto de questões particularizaram esse percurso rumo ao padrão de qualidade internacional que se construía vertiginosamente em outros países da América do Sul.

---

[6] Disponível em: http://adolfolona.blogspot.com.br. Acesso em 28-01-2015.

Uma das primeiras questões era a própria dificuldade em driblar os problemas climáticos existentes na região do Brasil economicamente mais significativa para a produção dos vinhos: a Serra Gaúcha. Como já mencionado, a região é acometida frequentemente por verões chuvosos, o que aumentava o risco de perda ou de uma produção com qualidade inferior, já que o verão é justamente a época crucial para a maturação das uvas. A antecipação da colheita para evitar o impacto das chuvas não era uma solução viável, pois podia resultar em frutos com concentração de açúcar insuficiente para se alcançar a graduação alcoólica e a complexidade organoléptica de um vinho mais estruturado ou, ainda, levar à ocorrência da chaptalização do vinho, que é a correção do mosto com açúcar de cana permitida em doses reduzidas, apesar de não ser uma prática desejável.

Naquela altura, acreditava-se que era imprescindível ter uma posição latitudinal específica para se produzir bons vinhos, ou seja, as regiões vitivinícolas deveriam estar entre os paralelos 30° e 45° sul e 30° e 50° norte, onde se encontravam as mais consagradas produções mundiais da bebida, como as dos países europeus, da Califórnia, do Chile, da Argentina, da África do Sul, da Austrália e da Nova Zelândia.

Atualmente, a enologia tem conseguido cada vez mais superar os problemas climáticos das regiões fora das latitudes ideais, como as brasileiras, indesejáveis para a produção de vinhos tintos, já que para os brancos e espumantes a colheita antecipada não é tão problemática. Contudo, os mecanismos empregados para resolver esses problemas são caros e, ainda assim, geram riscos e incertezas que somente a experiência com algumas safras poderá avalizar.

Outro fator diferencial da produção brasileira frente aos países vizinhos em meados da década de 1970 era o próprio consumidor brasileiro que, em sua maior parte, estava pouco habituado ao consumo de vinhos, principalmente do vinho fino, mais caro e de perfil diferenciado dos adocicados vinhos de garrafão predominantes nas mesas brasileiras. A questão que se colocava na época, e ainda é a de muitos produtores brasileiros, era, então, se esse consumo ainda incipiente sustentaria o custo de tantas mudanças na vida de quem tinha seus férteis parreirais de uvas americanas bem adaptados ao clima serrano, com boa produtividade e endereço certo nas prateleiras do varejo nacional. As respostas não eram e não são tão tranquilizadoras, especialmente se levarmos em conta outro fator importante: a expressiva concorrência de vinhos importados.

Com a abertura à importação de vinhos implementada pelo Governo Collor, a partir de 1991 chegam às mesas dos brasileiros vinhos de qualidade e com preços mais atraentes, considerados bem superiores aos que eram produzidos pela indústria nacional. Após décadas de políticas protecionistas, as tarifas aduaneiras que giravam em torno de 52% foram sendo progressivamente reduzidas até 14% em 1994 (Aguiar, 2008). A importação adentrou fortemente no mercado alavancada pelas isenções fiscais e pelas taxas cambiais muito abaixo da média antes praticada e, como consequência, nos anos seguintes as porcentagens de comercialização dos importados duplicaram, triplicaram e começaram a esboçar uma trajetória ascendente do consumo de vinhos finos no Brasil. Os vinhos importados passaram a dividir espaço com os nacionais no ainda reduzido mercado interno, instaurando uma competição agressiva, contudo, acabaram também por forçar a melhoria da qualidade produtiva dos vinhos brasileiros.

Nessa altura, o vinho proveniente de uvas viníferas era considerado o vinho "do futuro", e uma região que não o produzisse dificilmente teria credibilidade em um mercado que trabalhasse com parâmetros globais de qualidade a despeito das particularidades locais. Com isso, enfrentar o risco de reconversão dos vinhedos tornou-se, aos poucos, inevitável, embora as taxas de consumo do vinho de mesa permanecessem aparentemente inabaladas assim como o consumo anual *per capita* brasileiro, que girava em torno de 1,8 l há décadas.

Reconverter os vinhedos significa substituir castas comuns por viníferas a partir do cultivo de novos vinhedos, da utilização de métodos mais atualizados e adequados de plantio, condução e poda, etc. Por essa razão, foi preciso modernizar o setor produtivo por meio da aquisição de novas tecnologias e maquinários como desengaçadores, tanques e cubas de aço inoxidável, barricas de carvalho norte-americano e francês, entre outros (Aguiar, 2008). Para orientar esse processo, as vinícolas tiveram que contratar profissionais mais preparados, buscar consultorias especializadas e investir na qualificação de seus próprios enólogos.

Os resultados não foram imediatos e demandaram uma grande movimentação do setor vitivinícola brasileiro não só no processo produtivo e em sua articulação com os avanços da enologia, como também em nível institucional, para a representação política do campo e para a coordenação e o fortalecimento de cadeias de distribuição, comercialização e promoção. Dessa maneira, o legado do processo de internacionalização não foi apenas a modernização do setor, mas a fundação de um novo modelo de produção em que a relação de consumo estabeleceu-se em novas bases, com protagonistas, estratégias, valores e consumidores diferenciados.

Os vinhos de mesa funcionam em uma lógica mais massificada em que vale muito a relação entre quantidade e preço, embora trabalhem com o imaginário dionisíaco, das cantinas, dos imigrantes italianos e da cultura do vinho. Em geral, pouco se especula sobre a qualidade de distintos produtores desse tipo de vinho, isto é, uma marca que está bem distribuída no varejo nacional, com preço competitivo e qualidade mediana, consegue manter-se bem no mercado. Em contrapartida, o vinho fino que tem como premissa oferecer qualidade superior é produzido em menor escala e, por essa razão, não tem tanta capacidade de trabalhar com margens muito baixas de custo, de modo que necessita apoiar-se em uma determinada qualidade que efetivamente se torne um traço diferencial.

Enraizar os aspectos que envolvem a qualidade no Brasil implica construir e solidificar essas noções diferenciais. Nesse aspecto, o papel de algumas instituições, como a Embrapa Uva e Vinho (RS), Epagri (SC) e Epamig

(MG), e das estações de pesquisa para estudo dos solos, das cultivares e dos microclimas foi e é tão fundamental para orientar os produtores como outras instituições foram e são cruciais para representar politicamente o setor, fomentar e dinamizar o mercado, caso da Ibravin (RS). As associações promotoras que se encarregam de criar as indicações de origem das regiões vitivinícolas do Brasil de acordo com a regulamentação do Instituto Nacional da Propriedade Industrial (INPI), o órgão que confere a qualificação das IGs,[7] são também de suma importância.

O processo de enraizamento do conceito de qualidade no mercado do vinho brasileiro envolveu, portanto, várias das iniciativas apreendidas, inicialmente, dos países produtores no grupo do "Novo Mundo do vinho" e, em especial, dos países vizinhos mais bem-sucedidos da América Latina: Chile e Argentina, embora não apenas esses tenham inspirado o mercado do Brasil, já que houve um forte intercâmbio científico com a França no campo agroalimentar.

Assim, houve e ainda há no país iniciativas híbridas, ou seja, empreendedores que se munem de ferramentas mais agressivas de marketing e produzem vinhos com garrafas e rótulos mais estilizados, e os que buscam acompanhar a tendência da primeira fase da globalização por meio da produção de vinhos de aroma e paladar mais ostensivos, com toque amadeirado mais evidente, cores intensas, etc. Por outro lado, também houve e há ainda a presença do modelo francês, que recomenda a produção de vinhos mais atrelados à vocação do *terroir*

---

[7] Nas duas modalidades existentes: IP e Denominação de Origem.

e que buscam aliar a qualidade às particularidades da origem.

Há certa fixação dos brasileiros em buscar sempre o vinho emblemático do Brasil de acordo com a tendência que lidera a preferência internacional. Atualmente, o ícone referencial é a produção Grand Cru bordalesa, consagrada internacionalmente como excelência em qualidade e seguida mundo afora pelas reinterpretações mais modernas europeias ou não (supertoscanos, californianos, chilenos, etc.). A produção que segue a Grand Cru resulta em um vinho tinto, potente, aromático, com concentração de cor e notas organoléticas que remetem à forte interação com barricas (ou *chips*)[8] de carvalho.

Se buscar esse modelo é considerado razoável em regiões vitivinícolas do Chile e da Argentina, cujo clima é semelhante ao mediterrâneo (quente e seco no verão, com baixa pluviosidade ao longo do ano), o mesmo não se aplica ao Brasil, em que essa busca torna-se bastante questionável por forçar a natureza de um produto cuja identidade é diversa e tem alto custo de adaptação. Em contrapartida, o mesmo não pode ser dito quando pensamos no vinho espumante brasileiro, cuja autenticidade se expressa em uma crescente e veloz consagração, abrindo portas para o reconhecimento da qualidade do produto nacional e para a comercialização dos vinhos finos brasileiros no mercado interno e externo.

---

[8] Lascas ou grânulos de madeira que podem ser introduzidos em tonéis ou contêineres de vinho para aportar características organolépticas resultantes da interação entre vinho e madeira de modo mais rápido e econômico do que a mesma interação pelo envelhecimento em barricas de carvalho.

A trajetória dos espumantes no Brasil começou nas primeiras décadas da segunda metade do século XX e, no fim do século, eles pareciam determinados a colocar muitas borbulhas nas taças do brasileiros, como os dados da comercialização interna expressam de forma inquestionável: de 3,3 milhões de litros em 1998, as vendas saltaram para 5,5 milhões de litros em 2004 e para 15,8 milhões de litros em 2013 apenas no Rio Grande do Sul, embora em Santa Catarina e no Vale do Rio São Francisco exista uma produção considerável de espumantes atualmente. Nessas regiões, é possível encontrar versões mais sofisticadas do produto, provenientes de uma única safra, com corte e elaboração Champenoise[9] e longa maturação (de 24 a 36 meses); espumantes *rosés*, porém generosos em sabores frutados; espumantes secos mais frescos, de alta rotatividade e preço competitivo e, ainda, produzidos com a uva moscatel pelo método Asti,[10] que garante um produto mais floral, adocicado e pouco alcoólico.

Algumas das vinícolas instaladas no Brasil que focaram-se nos espumantes cresceram de forma impressionante, como a Salton, cujo produto principal era o Conhaque Presidente, apesar da produção de vinhos

---

[9] Método de elaboração de espumantes, conforme a fórmula criada e praticada em Champagne (França), com segunda fermentação dos vinhos na garrafa. Chamado também de "Método tradicional", hoje ele é adotado em várias regiões do mundo, mas apenas a sua região de origem pode levar no rótulo a expressão *Champagne*.

[10] O método clássico ou tradicional, inaugurado na região de Champagne (França), cuja diferença essencial, mas não única, é a realização da segunda fermentação (que gera a efervescência do espumante) no interior das garrafas.

de uvas americanas e filtrados. A partir de 1995, a empresa passou a investir em tecnologia e a apostar na larga produção e distribuição de espumante Charmat simples, com preço muito competitivo. Essa política do custo-benefício resultante de uma equação equilibrada entre um produto de fácil elaboração, com ciclo bem curto e uma logística de distribuição já construída por outros produtos da empresa, fez da Salton uma marca amplamente difundida na classe média brasileira. Atualmente, a gama de produtos já migrou para as categorias *premium*, mas é o Charmat de custo mais acessível que garante a liderança de vendas de espumantes no Brasil à empresa, com 33% do *market share* (Copello, 2013).

Outra empresa que obteve êxito ao focar-se na produção de espumantes foi a Casa Valduga, uma cantina de famílias de imigrantes fundada em 1875 que apostou na reconversão dos vinhedos e na remodelagem rumo à produção de vinhos finos. O investimento em linhas mais sofisticadas de espumante delineou-se a ponto de atualmente perfazer 50% da produção da empresa, exigindo a construção de uma cave com capacidade para 6 milhões de garrafas visando à expansão no mercado externo. Algumas outras empresas têm se especializado ainda mais na produção dos espumantes como a IG Pinto Bandeira, que escolheu esse produto como o representante da sua identidade produtiva. Ali, em uma região bem alta nas imediações de Bento Gonçalves, existem poucas vinícolas e o perfil das que existem são o porte pequeno e a produção voltada aos espumantes de excelência, como o caso da Cave de Geisse, propriedade fundada pelo enólogo chileno Mário Geisse em

Pinto Bandeira, em 1979, depois de chegar ao Brasil em 1976, para desenvolver a Chandon do Brasil.

Em busca de uma identidade produtiva

A justificativa para o grande investimento em espumantes por parte das vinícolas instaladas no Sul do país justifica-se pelo êxito comercial desse produto, que parece bem afeiçoado ao Brasil em termos de produção e de consumo. No que respeita à produção, pesquisadores e defensores do afeiçoamento das condições de algumas regiões brasileiras aos espumantes auxiliam o país a consolidar-se em uma posição mais relevante a despeito dos movimentos pró-nivelamento da indústria nacional ao vinho global. O pesquisador Jaime Fensterseifer,[11] por exemplo, menciona que a Serra Gaúcha organizou-se em "*clusters* naturais", isto é, em uma aglomeração de empresas ao redor de uma produção que, harmonizada com as condições regionais, é capaz de dar suporte à sustentabilidade não só do produto, mas também da cultura que o legitima. Em sua opinião, a região se organizou em torno da produção de espumantes e tudo

---

[11] Estudioso da cadeia do vinho no Rio Grande do Sul, Jaime Fensterseifer defendeu o primeiro mestrado profissional no Brasil na área de gestão de enologia na Universidade de Caxias. Tornou-se enólogo recentemente em função de sua paixão pelos vinhos.

indica que essa seja a sua mais autêntica vocação, embora não se possa apontar ainda qual é o espumante da Serra.

Apesar de refinada e especializada, essa é uma percepção que foge à grande maioria dos consumidores, razão pela qual há atualmente uma ideia generalizada de que o Brasil tem uma vocação para a produção de espumantes sem considerar o caráter regional da produção, dificilmente aplicável a todas as partes de um país tão grande e diverso. Com isso, mesmo que muitas vezes um espumante brasileiro tenha sido produzido em uma região que, em tese, é mais vocacionada aos vinhos tintos, os consumidores costumam pensar, em geral, que por ser brasileiro o espumante terá ainda assim grande qualidade. Esse entendimento mais genérico, fundamentado em associações extensivas das marcas, induz as especializações produtivas a estarem mais relacionadas às preferências do consumidor do que ao investimento em estudo das reais vocações regionais, que demandam novas construções de sentido.

É importante sabermos que esse tipo de situação acontece também com a produção de algumas regiões tradicionais e com boa parte das produções mais contemporâneas. O mérito delas é, no entanto, alcançar bons resultados desde o início por ter um embasamento proveniente da institucionalização do saber enológico. No Brasil, é ainda muito necessário investir nas pesquisas *in loco* para descobrir as reais vocações identitárias de uma determinada região, a exemplo dos *terroirs* franceses, mas a pressão de nivelar a produção à concorrência dos importados por vezes atropela esse itinerário, e buscar uma alternativa já bem recebida pelo consumidor é financeiramente sedutor, o que leva muitos produtores a buscarem as fórmulas já consagradas, como a dos vinhos tintos aromáticos e amadeirados do Novo Mundo.

Embora o Brasil seja considerado um produtor do grupo chamado "Novo Mundo do vinho", o perfil de sua vitivinicultura apresenta algumas diferenças em relação aos países emblemáticos desse modelo. Primeiro, porque a sua nova produção afirma-se em um momento mais tardio, sustentada pelo paradigma do gosto, questionado pelos críticos do setor por contradizer certos princípios da ética da sustentabilidade; depois, em função das condições climáticas do país, que o aproxima de um perfil organoléptico mais ligado à leveza e ao frescor, de modo que os vinhos brasileiros tendem a ser mais gastronômicos, dialogáveis com pratos e situações distintas, diferentemente do estilo invasivo de muitos vinhos típicos do Novo Mundo.

No Rio de Janeiro, por exemplo, o restaurante Aprazível inova na relação de consumo do vinho, reservando um grande espaço em sua carta para as produções nacionais, que combinam com a proposta de valorização da cultura brasileira do local. Segundo um dos proprietários do restaurante, os vinhos brasileiros vendem duas vezes mais do que os importados no estabelecimento, o que é fruto de um trabalho de seleção e indicação criterioso, já que o próprio dono está convencido da qualidade de muitos vinhos nacionais, especialmente de pequenas produções, que trabalham com métodos pouco invasivos. De acordo com a percepção de um dos proprietários do restaurante carioca, os vinhos nacionais crescem muito com o tempo, e muitos têm vocação para a longa guarda, o que pode parecer uma afirmação surpreendente em princípio, mas que se sustenta se considerarmos que a mesma acidez que determina a vocação para espumantes brasileiros é quesito fundamental para a longevidade do vinho.

A implementação do sistema das IGs, inspirado no consagrado modelo das AOCs francesas, é um caminho que tem sido muito utilizado no campo do vinho brasileiro. De acordo com seus princípios, as IGs institucionalizam e legitimam a qualidade dos produtos a partir dos aspectos particulares de cada território e das culturas que lhe dão expressão; a IG é, portanto, "uma estratégia de qualificação que enfatiza o enraizamento sociocultural do produto no território onde este é produzido, explorando ativos intangíveis que são de difícil transposição para outros territórios" (Niederle, 2009, p. 1).

O processo de institucionalização da IG Vale dos Vinhedos foi longo, trabalhoso e demandou muitos investimentos. A aplicação do sistema, em alguns aspectos, coloca em questão esses princípios que fundamentam as IGs, pois surgiu de uma iniciativa do setor em competir com a produção moderna, sendo menos orientada pela relação entre qualidade e origem, e mais pelo gosto final do crítico e do consumidor; as escolhas dos produtos de origem, por exemplo, são menos marcadas pela particularidade de sua produção do que por cepas e estilos de vinhos consagrados mundialmente. Por essas razões, o selo é visto como uma ferramenta de marketing, o que não contraria seu fundamento por completo, mas o redireciona, visto que ele mais projeta uma imagem idealizada do que reconhece o *status* identitário da produção. Em termos de representatividade junto ao público, o selo Vale dos Vinhedos remete muito mais ao enoturismo do que à tipicidade de uma produção.

O conceito de Denominação de Origem não é familiar no Brasil e, para sê-lo, o seu significado precisaria ser trabalhado diretamente com o consumidor. Primeiramente, a associação entre produto, seu estilo e tipicidade com uma origem deveria já ser reconhecida como algo autêntico da região. Contudo, a questão da identidade ainda está em construção e, se tivéssemos de reconhecer algo como legítimo para o Brasil, teríamos de escolher o vinho de garrafão. Quando a identidade do vinho fino não existe, ela acaba por ser, em muitos casos, inventada a partir de um consenso técnico e coletivo que posteriormente se promoverá.

No Brasil, o Inpi é atualmente o órgão responsável pelo reconhecimento dessa qualificação. O vinho foi o primeiro produto a ter uma indicação geográfica reconhecida no país, a Vale dos Vinhedos, na Serra Gaúcha, primeiro na modalidade IP, depois na modalidade da Denominação de Origem. Atualmente, existem mais duas IPs reconhecidas no Rio Grande do Sul, a Pinto Bandeira e a Altos Montes, e uma em Santa Catarina, a Vale das Uvas Goethe. Já solicitaram a concessão à Associação dos Vitivinicultores de Monte Belo do Sul (Aprobelo) e, em Farroupilha, à Associação Farroupilhense de Produtores de Vinhos, Espumantes, Sucos e Derivados (Afavin), que tem projeto similar, visando especialmente à promoção de seus moscatéis. A Vinhos da Campanha, na fronteira do Brasil com o Uruguai, faz o mesmo, assim como os produtores ligados ao Instituto do Vinho do Vale do São Francisco (VinhoVasf).¹²

> AQUI, AS IGS REVELAM UM COMPONENTE DE INOVAÇÃO MAIS PRESENTE. COMO DEFINE UM DOS PESQUISADORES ENTREVISTADOS NO VALE DOS VINHEDOS, "A GENTE TEM UM DESAFIO DE MELHORIA DA QUALIDADE DE NOSSOS PRODUTOS E ESSA MELHORIA DA QUALIDADE PASSA POR REESTRUTURAÇÕES NO PADRÃO DE PRODUÇÃO. A GENTE NAVEGA ENTRE A TRADIÇÃO E A INOVAÇÃO. DIFERENTEMENTE, TALVEZ, DO QUE UMA VITIVINICULTURA CLÁSSICA EUROPEIA, EM QUE SE FALAVA DE TRADIÇÃO, AQUI A GENTE ESTÁ SEMPRE SE REDESCOBRINDO... NO NOVO MUNDO A GENTE VAI SEMPRE TER A VERTENTE DA INOVAÇÃO MUITO FORTE". (FALA DE UM PRODUTOR DA SERRA GAÚCHA, JULHO 2011)

O novo mapa do Brasil vitivinícola

Se comparássemos o mapa de produções de vinhos no Brasil de vinte anos atrás com o atual, notaríamos que muitas das alterações que atingiram as produções nesse período têm sido atualizadas gradativamente, assim como ocorre no mundo todo. Essas alterações não correspondem somente às questões internas de cada região produtora, mas também às externas, já que houve um surgimento significativo de novos territórios dedicados à vitivinicultura no Brasil.

---

[12] Disponível em: http://www.ibravin.com.br. Acesso em 2-2-2015.

Assim, até 2010, o mapa vitivinícola brasileiro publicado no site do Ibravin apresentava 21 pontos de produção e, considerando que há os que são bem incipientes, é certo que nem todos foram mapeados. Muitas dessas novas produções são empreendidas por enólogos e enófilos munidos de muitas pesquisas e tecnologias, razão pela qual se muitas vezes não são expressivas em termos de números de litros, essas produções apresentam uma boa qualidade inaugural. A descoberta de novas regiões tem sido a tônica para a produção brasileira e, considerando que o clima muitas vezes não corresponde ao perfil clássico de regiões destinadas às produções de vinho, o conhecimento científico tem sido do mesmo modo fundamental para embasar as práticas vitivinícolas do país.

A Serra Gaúcha continua sendo o maior polo vitivinícola do país, mas passa por expressivas mudanças desde a década de 1970, quando ocorreram os processos de reconversão dos vinhedos e introdução de novas castas, aumentaram os investimentos em tecnologia, as IGs foram criadas, houve uma especialização produtiva regional e um forte desenvolvimento do enoturismo. A região está localizada na parte nordeste do estado do Rio Grande do Sul (latitude 29º sul, longitude 51º oeste), em uma altitude de 600 a 800 m, com temperatura média de 17,2 ºC, com predominância dos solos basálticos e clima temperado e úmido.

Na região, mais de 80% da produção provém das cultivares de uvas americanas, embora haja um expressivo investimento para a migração gradativa dessas uvas com a finalidade de produzir sucos de uva integral, muito bem avaliados em termos de qualidade organoléptica e nutricional. O aspecto salutar do suco, que já faz parte do marketing do vinho tinto, tem sido ressaltado por meio da difusão dos resultados de pesquisas científicas empreendidas recentemente, pois elas sugerem que os sucos de uva integral induzem à atividade celular antioxidante, antiplaquetária, antitumoral e antimutagênica em função de sua alta concentração de polifenóis, incorporados ao suco pelo aquecimento das polpas das uvas com suas cascas e sementes.[13]

A Serra Gaúcha detém três IGs reconhecidas e, como é a região mais estruturada para a atividade vitivinícola, as sedes de muitas das vinícolas nacionais mais conhecidas estão instaladas na localidade. Apesar de muitas delas adquirirem terras e vinhedos em regiões novas, buscando diversificar a produção, a manutenção do processo de vinificação na Serra Gaúcha sempre continua sendo feita.

Uma das mais grandiosas dessas vinícolas é a Miolo, atualmente um grupo com *joint ventures* internacionais chamado Miolo Wine Group. A sua trajetória destaca-se pelo pioneirismo no foco em vinhos finos e pelo vultoso investimento em um projeto de modernização e expansão iniciado em 1990. Sua produção total em 2013 chegou a 12 milhões de litros de vinhos finos a partir de uma plantação com 1,2 mil ha. Outra vinícola também potente é a Aurora, cuja produção é a maior do Brasil e, em verdade, teve origem em uma

---

[13] Cf. M. Aguiar, "Nem americano nem europeu, integralmente brasileiro: as muitas razões de ser das vinhas", em *Os vinhos que a gente bebe*, 6-11-2013. Disponível em: http://dzai.com.br/2864/blog/osvinhosqueagentebebe?tv_pos_tags=sobrevinhos. Acesso em 3-2-2015.

cooperativa criada em 1931, que desempenhou um papel fundamental na consolidação da vitivinicultura brasileira. Atualmente, reúne 1.100 famílias de viticultores que, espalhados por 2,8 mil ha, produzem um total de 55 milhões de quilos de uvas ao ano, das quais 15 milhões são viníferas e 40 milhões são americanas (Copello, 2013, pp. 44-45).

A estratificação da produção vitivinícola é uma tendência consequente do processo de globalização, em que importava mais alcançar um formato nivelado de qualidade produtiva internacional para anunciar ao mundo a sua maior vocação, com produtos emblemáticos. Talvez não seja possível afirmar ainda que o Brasil tenha se consagrado nesse formato como o Chile com seus Cabernets ou a Argentina com os seus Malbecs, mas é possível afirmar que essa consagração pode estar a caminho via produção de espumantes.

Em um artigo, Jorge Tonietto – pesquisador da Embrapa Uva e Vinho – menciona que o vinho brasileiro já passou por três períodos evolutivos: o primeiro, voltado à produção proveniente de uvas americanas, o segundo, voltado aos vinhos de híbridas e viníferas e, o terceiro, voltado aos vinhos varietais. Na mesma ocasião, o pesquisador refere-se à existência de um quarto período evolutivo, correspondente à realidade atual, em que se orienta a produção de "vinhos de qualidade produzidos em regiões determinadas" (Tonietto, 2003). Além da Serra Gaúcha, outras regiões brasileiras com histórico vitivinícola de menor representatividade caminham na mesma direção, mas em estágios diferenciados.

No mesmo estado, mais ao sul, quase na fronteira com o Uruguai, está localizada a região da Campanha Gaúcha, identificada por alguns como o "novo Eldorado" do vinho brasileiro (Arruda, 2013). O marco referencial da vitivinicultura da Campanha teve origem nos resultados dos estudos de zoneamento vitícola realizados pelo Instituto de Pesquisas Agrícolas da Secretaria de Agricultura do Rio Grande do Sul (Ipagro) (Camargo & Protas, 2011) e de uma parceria entre pesquisadores da Universidade de Davis, na Califórnia, e técnicos da Universidade Federal de Pelotas, na década de 1970 (Arruda, 2013). O primeiro empreendimento da região foi realizado no município de Santana do Livramento pela vinícola da empresa Almadén (hoje propriedade do Miolo Wine Group), seguido pelo projeto Santa Colina, ministrado por um grupo japonês.

A partir dos anos 1990, algumas vinícolas da Serra Gaúcha começaram a cultivar a região, vislumbrando a necessidade futura de uvas viníferas para as suas produções, especialmente as tintas, de difícil adaptação. Nos anos 2000, estimulados pelos bons preços pagos por essas uvas cultivadas, diversos proprietários de terras de municípios da Campanha Gaúcha passaram a cultivar vinhedos com o objetivo de atender à procura crescente por uvas viníferas da região.

Esse grande interesse pela região se deve ao fato de ela ser a única área vitivinícola do Brasil localizada na faixa latitudinal considerada ideal para a produção de uvas viníferas, pois a topografia formada por planícies com suaves coxilhas favorece a mecanização, o solo arenoso permite que haja uma boa drenagem do tão temido acúmulo de águas das chuvas junto às videiras, e a presença de um período de estiagem longo entre a floração e a colheita das uvas proporciona um bom amadurecimento das cepas de colheita tardia ou que precisam de boa concentração de açúcar, como as tintas. O fato de a região, por sua extensão, apresentar variações microclimáticas também é positivo. Atualmente, os vinhedos estão localizados nos municípios de Itaqui, Dom Pedrito, Bagé, Rosário do Sul e Santana do Livramento. Em 2012, havia 15 vinícolas e 1.100 ha de vinhedos (Arruda, 2013).

Segundo Camargo e Protas (2011), a vitivinicultura da Campanha Gaúcha está estruturada em três tipos de grupos: os grandes grupos empresariais (Miolo, Salton e Cooperativa Vinícola Nova Aliança), que exploram grandes áreas, integrando-as às suas produções em outras regiões; os novos empreendedores vitivinícolas provenientes de outros campos profissionais que, atraídos pelo potencial e pelo desenvolvimento da região, plantam e vinificam; e o grupo dos viticultores independentes, que se voltam apenas à produção de uvas e entraram no negócio para atender a demanda da Almadén, em 2004, mas que passaram a encontrar dificuldades quando os contratos se extinguiram.

Os vinhos da linha Premium produzidos na região têm chegado ao público, nas últimas safras após 2010, de forma não tão numerosa como antes, mas com boas avaliações, especialmente os tintos. Destaca-se nessa produção uma variedade já familiar ao Rio Grande do Sul e muito adaptada ao Uruguai: a Tannat, de origem francesa, proveniente da região do Madiran, conhecida pela sua alta concentração de taninos e de polifenóis. Na França, geralmente, a Tannat dá origem a vinhos mais duros do que os do Uruguai, que a adotou como uva emblemática de sua produção.

Outra nova região de cultivo no Rio Grande do Sul é a Serra do Sudeste, indicada por estudos iniciados pelo Ipagro em 1970, cujo primeiro empreendimento foi concretizado com a implantação dos vinhedos da Companhia Vinícola Rio-grandense, na década de 1980, no município de Pinheiro Machado. A exploração maior da região ocorreu, contudo, a partir do final de 1990, especialmente por iniciativa das vinícolas da Serra Gaúcha, que buscavam a mesma possibilidade de êxito da Campanha e uma nova fonte de abastecimento das viníferas. Nessa localidade, o perfil é praticamente o de viticultura, sem a instalação de vinícolas no território (Camargo & Protas, 2011).

Apesar da proximidade com a Campanha, o clima da região da Serra do Sudeste diferencia-se pela altitude (420 m), pelos invernos rigorosos e pelos verões com dias quentes, noites frias e poucas chuvas na estação. Os resultados obtidos a partir da primeira vindima, em 2004, mostraram que essa combinação climática permite a elaboração de produtos com baixa acidez e alta concentração de cor, aromas e álcool, perfil dos vinhos de guarda do Novo Mundo (Arruda, 2013). Alguns exemplos de vinícolas que mantêm vinhedos na região são a Angheben, a Lídio Carraro, a Chandon e a Cooperativa Vinícola Nova Aliança.

No Rio Grande do Sul, há ainda a região de Campos de Cima da Serra que, assim como a de Serra, apresentava um histórico de vinhedos de uvas americanas e híbridas e, a partir de 1998, emerge como um novo potencial para vinhos finos. Situada mais ao norte do estado, próximo da fronteira com o estado de Santa Catarina, Campos de Cima da Serra assemelha-se ao Planalto Catarinense, que atualmente abriga uma expoente produção de vinhos finos. Entre as principais características da região, podemos destacar a altitude (1.000 m) e as temperaturas frias com muitas geadas e até mesmo neve. A ocorrência de um inverno mais longo e rigoroso que avança até o mês de setembro retarda a brotação das uvas e, em virtude da grande amplitude térmica, a maturação segue lenta. Por essa razão, a produção na região ainda é reduzida, mas tem se mostrado bem apta às uvas brancas e tintas de regiões mais frias, como a Pinot Noir ou, ainda, as que precisam de uma colheita mais tardia, como a Cabernet Sauvignon.

Para além das mencionadas regiões do Rio Grande do Sul, existem outras zonas produtoras no estado de Santa Catarina, o segundo maior produtor nacional, com cerca de 9% da produção brasileira.[14] Nessa região, a origem da vitivinicultura também está intimamente relacionada à imigração italiana para as regiões do Vale do Rio do Peixe, onde se destacam os municípios de Videira, Tangará e Pinheiro Preto; a região carbonífera, com destaque para os municípios de Urussanga, Pedras

---

[14] Segundo dados do cadastro vinícola da base de dados do Ibravin, em 2012, a produção de Santa Catarina alcançou pouco mais 26 milhões de litros, para um total de, aproximadamente, 310 milhões de litros de produção nacional.

Grandes e Morro da Fumaça, e a região do Vale do Rio Tijucas, próxima dos limites com o Paraná. Em princípio, as regiões produtoras em Santa Catarina apresentam similaridades com a Serra Gaúcha em relação à estrutura fundiária, topografia, tipo de mão de obra (familiar) e cultivo de variedades (no caso de uvas americanas e híbridas) para a elaboração de suco de uva e vinho de mesa (Camargo & Protas, 2011).

No entanto, na década de 2000, uma nova vitivinicultura começou a ser implantada no estado visando à produção de vinhos finos de qualidade, especialmente nas regiões mais altas, próximas aos municípios de São Joaquim, Campos Novos e Caçador. Com o apoio de pesquisadores da Estação Experimental da Epagri e com um significativo investimento em tecnologia e em profissionais diversos da enologia, a produção emergente de Santa Catarina passou a ganhar destaque no cenário nacional. Essa produção está concentrada no Planalto Catarinense e seus vinhos finos, produzidos ainda em poucas propriedades espalhadas pelo extenso território, receberam o nome de "vinhos de altitude", representados pela marca coletiva Acavitis, registrada em 2005.

Os vinhedos de viníferas na região do Planalto Catarinense estão localizados entre 900 e 1.400 m de altitude, o que faz com que a sua viticultura tenha características bem peculiares. Segundo informações institucionais da Acavitis,[15] o ar perde 1% de seu carbono a cada 100 m de altura e, como as folhas extraem o

---

[15] Disponível em: http://acavitis.com.br/site/web/site_dev.php/content/index/p/altitude. Acesso em 3-2-2015.

carbono e o CO_2 da atmosfera para promover o crescimento das plantas, em uma altitude como essa as videiras contam com um processo vegetativo mais lento, em razão da baixa carga de carbono disponível. Esse fenômeno somado à grande amplitude térmica (intensa atividade diurna e repouso noturno) faz com que o processo final de maturação das uvas e as colheitas aconteçam tardiamente, nos meses de abril e maio, quando as chuvas diminuem. O resultado proveniente dessa situação climática são uvas com boa concentração de açúcar e aromas nos vinhedos de Cabernet Sauvignon, Merlot, Cabernet Franc, Pinot Noir e Sangiovese, entre as tintas, e Chardonnay e Sauvignon Blanc, entre as brancas.

Nessa região de cultivo catarinense há uma grande presença de vinhos *rosés* e experimentações com castas de origens variadas, como francesas, portuguesas, italianas e espanholas. Apesar de recente em termos de produção, trata-se de uma região que merece atenção da crítica especializada pela qualidade dos vinhos que produz e por algumas produções e instalações de vinícolas, como a Villa Francioni, a Pericó e a Quinta Santa Maria, em São Joaquim; a Villaggio Grando, em Água Doce; e a Kranz, em Treze Tílias. O principal desafio para a região é lidar com as frequentes e destrutivas geadas, razão pela qual muitos dos vinhedos estão sempre cobertos por telas protetoras.

O litoral sul de Santa Catarina também produz vinhos e o principal apelo da região é o caráter histórico e cultural da produção, que lhe valeu uma IP pela sua particular especialização no cultivo da uva Goethe, uma uva híbrida trazida pelos imigrantes italianos no início do século XX e que se adaptou à região, dando origem a vinhos de tipicidade bem particular na categoria de vinhos de mesa. A cultura, o turismo e as festividades locais harmonizaram-se com a produção do vinho na região de Urussanga, que também remete às origens das famílias da população que a habita.

Na região Nordeste do país, está situada a terceira produção nacional mais expressiva de vinhos em termos numéricos e a segunda em termos de produção de vinhos finos. Segundo uma tabela publicada pelo Ibravin, Santa Catarina produz 25,2 milhões de litros de vinho anualmente, mas apenas 808 mil litros provêm de uvas viníferas, ao passo que, dos 8 milhões de litros produzidos pelo Vale do Rio São Francisco, 6 milhões provêm de viníferas, ou seja, 75% dessa produção nordestina é de vinhos finos. São Paulo e Minas Gerais ocupam a terceira e a quarta posição, respectivamente, e as experiências com viníferas nessas regiões ainda estão começando, em pequena quantidade.[16]

A produção do Vale do Rio São Francisco é a mais surpreendente de todas por desconstruir radicalmente o padrão geoclimático para cultivo de matéria-prima voltada à elaboração de vinhos de qualidade. Esse fato trata-se de um símbolo contundente de que uma nova era da vitivinicultura brasileira teve início a partir da década de 1980. Assim, enquanto o Julgamento de Paris relativizava a rigorosa relação entre origem e qualidade pela aprovação do gosto final dos vinhos californianos, em 1976, no Brasil, os viticultores preparavam-se para

---

[16] São Paulo produziu 4,1 milhões de litros em 2012, contra 3,5 milhões de litros em 2012 de Minas Gerais.

uma ousada experiência de produção do vinho fino tropical.

O Vale do Submédio São Francisco está situado entre os paralelos 8° e 9° sul na fronteira de Pernambuco com a Bahia, estados cujas cidades-polo são, respectivamente, Petrolina e Juazeiro. Trata-se de uma região tropical, de clima semiárido, com grande incidência solar e baixa precipitação pluvial durante praticamente o ano inteiro. A viticultura comercial teve início na região na década de 1960 com a produção das uvas finas de mesa, atividade importante que garante à localidade as IGs que reconhecem suas produções de uva e manga. Há também registros desse período que confirmam a instalação da empresa italiana Cinzano no município de Floresta com o propósito de produzir uvas para a elaboração de vermutes (Albert, 2012, p. 101).

Em virtude da condição climática extrema, os vinhedos não contam com um período de repouso definido, razão pela qual há irrigação artificial com águas provenientes do rio São Francisco por trinta a sessenta dias, o que permite a produção de duas safras por ano, em ciclos de 120 a 130 dias (Camargo & Protas, 2011). Naturalmente, essa é uma produção que depende muito da tecnologia especial de manejo da videira e de investimentos, mas é também rentável em razão da alta produtividade, já que em um mesmo dia, por exemplo, é possível encontrar na mesma plantação vinhedos em fase de poda, de floração, de amadurecimento e de colheita.

O alto índice de insolação faz com que as uvas produzidas tenham elevado nível de açúcar, assim, vinhos jovens e frutados caracterizam essa produção, com destaque para os derivados da uva Syrah, para tintos, e Moscatel, para brancos e espumantes, com bom equilíbrio entre açúcar e acidez. Apenas quatro vinícolas estão instaladas na região: a Vinibrasil, dos vinhos Rio Sol, resultado de uma parceria entre o grupo português Global Wines/Dão Sul e a importadora brasileira Expand; a Vinícola Ouro Verde, do Miolo Wine Group, fundada em 2001; a Vinícola do Vale do São Francisco, que produz os vinhos Botticelli; e a Adega Bianchetti, propriedade de enólogos do Sul do país.[17]

Finalmente, é válido mencionarmos alguns empreendimentos recentes que representam os movimentos contemporâneos da vitivinicultura brasileira. Não mais temerários de cometer heresias frente aos dogmas da vitivinicultura tradicional, esses investimentos ocorrem em vários estados brasileiros nos quais a produção de vinhos está voltada para os vinhos de mesa, as condições são favoráveis ao cultivo dos vinhedos e a elaboração de vinhos busca compensar certos problemas, como explorar melhor os benefícios do microclima.

Esse é o caso, por exemplo, da vinícola Pireneus, em Goiás. Como a produção está instalada em uma região de cerrado, com clima quente e seco e grande amplitude térmica entre os meses de abril e setembro, o empreendedor, por meio de podas e estímulos, ajusta o ciclo vegetativo da vinha fazendo com que a brotação ocorra nesse período. Essa modificação gera também alterações nos

---

[17] Disponível em: http://vinhovasf.com.br. Acesso em 3-2-2015.

outros ciclos da produção, necessários para a obtenção de frutos com uma estrutura fenólica madura e coloração e acidez satisfatórias. Com êxito, os primeiros exemplares do vinho entraram em circulação no mercado em 2012 e são provenientes das uvas Syrah e Barbera.

O Paraná, que já conta com uma produção de vinhos de mesa na região metropolitana de Curitiba, tem novos empreendimentos, dentre os quais se destacam os da região de Toledo, cujas produções são favorecidas pela origem vulcânica do solo, rico em óxido de ferro e argila, além das leves inclinações topográficas, que favorecem a drenagem e a mecanização das uvas; o clima mais quente também é propício à maturação precoce de algumas castas.

O estado de São Paulo também conta com uma vasta zona de produção de vinhos de mesa na região Leste, especialmente nos municípios de São Roque e Jundiaí. Novos empreendimentos dedicados aos vinhos finos têm sido realizados em locais próximos, nos municípios de São Carlos, Espírito Santo do Pinhal, Itobi e Divinolândia, e também na região Noroeste do estado, no município de Lages. Essas iniciativas mencionadas são ainda bem recentes, razão pela qual ainda necessitam ser avaliadas.

Minas Gerais também conta com uma viticultura tradicional, enraizada no cultivo das uvas americanas e híbridas na região Sul do estado (Caldas, Andradas e Santa Rita), e nas proximidades de Pirapora, em que a produção é voltada para uvas de mesa (Costa, 2013). Nos últimos anos, contudo, têm surgido iniciativas sob orientação da Epamig/Estação Experimental de

Caldas em algumas cidades nas proximidades do centro produtor do Sul, como em Três Corações, Caldas e Cordislândia.

As primeiras produções mineiras deram origem a bons vinhos provenientes das uvas Syrah e Sauvignon Blanc. Nessa região do Brasil, também há dois ciclos vegetativos que são remanejados para postergar a época da colheita para a os meses de estiagem (junho e julho), pois dessa forma as uvas amadurecem sob tempo seco, ensolarado e com boa amplitude térmica, favorecendo o desenvolvimento dos componentes que garantem mais qualidade aos vinhos, como taninos, antocianos e outros polifenóis (Camargo & Protas, 2011).

Existem outras iniciativas, mas aqui foi citado um número suficiente de produções para mostrar que o espírito de Baco não ronda apenas as mesas de alguns brasileiros e tem sido semeado em nosso vasto território; um Baco bem menos romano e clássico, que já inicia sua caminhada fazendo concessões à diversidade do nosso território. Espero que, nesse processo de conhecimento do que temos e de adaptação de variedades e ciclos, possam de fato emergir vinhos tipicamente brasileiros – reconhecíveis pela qualidade não apenas de serem bons, gostosos, mas de serem singulares.

A profissionalização do setor

Atualmente, há no país um número maior de escolas de enologia: um curso de bacharelado, na Unipampa, em Dom Pedrito (RS), e outros quatro de tecnologia em enologia nos estados de Rio Grande do Sul, São Paulo e Pernambuco. O *sommelier*, profissional que cuida da administração da adega dos restaurantes e que também trabalha como consultor e educador no mercado, teve sua profissão reconhecida no Brasil somente em 2011.[18] No entanto, as formações oferecidas para esse profissional na verdade são mais técnicas, sem um formato padrão, podendo variar de pequenos cursos modulares a formações extensas.

Por muito tempo, a Associação Brasileira de Sommeliers (ABS) de cada estado brasileiro foi responsável pela preparação dos profissionais para atuar no mercado gastronômico e hoteleiro. Hoje, outras instituições de ensino superior também se dedicam a essa profissionalização, muitas vezes em parceria com algum instituto internacional que confere sua certificação, como ocorre em relação à Universidade de Caxias do Sul (UCS) e com a Federação Italiana de Sommelier (Fisar) (Losso & Cordeiro, 2013). A mesma universidade oferece um MBA em *sommellerie* – cultura, gestão e serviço do vinho. Outra instituição que se destaca na profissionalização de pessoal para vendas e serviço de vinhos é o Senac, em suas centrais regionais.

O Brasil consumidor de vinhos

Como já mencionamos, o consumidor brasileiro tem, em geral, pouca familiaridade com os vinhos provenientes das uvas viníferas

---

[18] Disponível em: https://abs-sp.com.br/sommelier. Acesso em 3-2-2015.

considerados de qualidade pelos critérios das instituições e dos profissionais ligados à enologia e à crítica especializada, razões pelas quais têm preço mais elevado e estão extremamente susceptíveis às avaliações e às representações de uma rede de intermediários que degusta, comenta, indica e estimula ou não o consumidor final a comprá-lo.

Como o objetivo deste livro é tratar dos vinhos que funcionam sob a premissa dessa qualidade, o público que será referido nos próximos parágrafos não é, portanto, o que corresponde diretamente aos vinhos que estão na base da pirâmide das vinícolas, com preços mais baixos e vendas em larga escala, mas sim o dos que estão mais próximos do topo, isto é, mais próximos dos produtos de qualidade ou de singularidade como tratado por Karpik (2007).

Até pouco tempo atrás o vinho fino era um produto estranho à maior parte dos brasileiros e, para muitos, ainda continua sendo. Como mencionamos, somente a partir da década de 1980 os vinhos finos passaram a ser produzidos em maior quantidade no Brasil, com auxílio das multinacionais que se instalaram no país. Além disso, havia no mercado da época algumas marcas fortes – hoje em parte consideradas de qualidade inferior – de vinhos portugueses e italianos geralmente mais consumidos pelos descendentes dos imigrantes, que cresceram com o hábito de ter o vinho à mesa.

Desse modo, pouco se sabia a respeito do consumo dos vinhos finos, geralmente associado às ocasiões especiais ou aos hábitos de uma minoritária parcela da população que viajava sempre para o exterior e começava a se interessar por um consumo mais especializado, como o atual. Na segunda metade da década de 1990, havia pouquíssimos importadores de vinhos no Brasil, e os que existiam atendiam diretamente à demanda de um grupo específico da população, formado por muitos engenheiros, médicos e políticos que se tornavam enófilos ou que guardavam seus vinhos para ocasiões sociais e profissionais. Nesse período, era raro vermos abordagens midiáticas sobre o tema para além da revista Gula ou de algumas publicações de instituições que reuniam amantes e profissionais do vinho, como a ABS ou a Sociedade Brasileira de Amigos do Vinho (SBAV), concentradas nos grandes centros urbanos.[19]

Em relação à produção, nessa época o vinho fino acabava de emergir enquanto produto brasileiro e, em relação ao consumo, aos poucos se tornava mais familiar. Contudo, foi após a abertura do mercado à importação, em 1990, que mais opções de vinho fino chegaram ao Brasil para serem comercializados como bebidas especiais ao lado dos uísques, o principal representante das bebidas requintadas naquele período. De acordo com os extratos da OIV, em 1995 havia um consumo anual *per capita* de 1,44 ℓ no Brasil, número que se manteve ao longo dos três anos seguintes, que passou a 1,72 ℓ em 1999, e para 1,8 ℓ na década de 2000.

O mais surpreendente é notar que, no entanto, esses números não aumentaram proporcionalmente aos

---

[19] Entidades que unem profissionais e confrades dos vinhos, grandes responsáveis pela difusão da cultura do vinho no Brasil. Têm sedes em várias capitais e as primeiras se originaram na década de 1980.

saltos de visibilidade dados pelo mercado que articulava esse consumo, já que, de um número inferior a dez na década de 1990, houve um salto para um varejo constituído por centenas de unidades, incluindo importações, lojas, representantes, supermercados *gourmets*, entre outros. Do mesmo modo, das poucas publicações que falavam sobre os vinhos, o tema passou a existir em uma vasta rede de comunicação em todas as mídias: na imprensa escrita, no rádio, na televisão, na web e nos dispositivos móveis.

Atualmente, fala-se e vende-se muito mais vinhos finos de várias regiões do mundo no Brasil, mas a última taxa anual de consumo *per capita* publicada surpreende pelo baixo número: apenas 2,2 ℓ (Copello, 2013, p. 37), dos quais dois terços são da categoria de mesa. Assim, é possível considerarmos que o Brasil teve um leve avanço que deverá continuar quanto mais seja difundido esse consumo, o que, em comparação às quedas persistentes de consumo *per capita* anual nos tradicionais grandes mercados, acaba sendo um indicador positivo. O consumo brasileiro também é caracterizado por uma disparidade *per capita* regional, pois 86% dos vinhos consumidos no país são consumidos nos estados do Sul e do Sudeste (Copello, 2013).

De modo geral, a queda genérica do consumo *per capita* mundial nas regiões mais tradicionais se justifica pela tendência a um consumo menos quantitativo de vinhos e mais qualitativo, já que houve um aumento na procura por vinhos mais caros e considerados "melhores". No Brasil, se comparado aos números da cerveja – 50 ℓ anuais *per capita* –, o consumo de vinhos é inexpressivo, mas há que se considerar que se trata de um hábito recente e estrangeiro para boa parte dos brasileiros, pois a imersão de uma parcela da população no universo simbólico e cultural que permeia o consumo do vinho ocorreu somente a partir dos anos 1990, de modo que sua incorporação ao hábito brasileiro é também diferenciada.

É importante notar que essa abordagem mais enofílica do vinho é uma característica do consumo contemporâneo até mesmo nos países em que ele está integrado à cultura. Na Europa, é usual encontrarmos, por exemplo, pessoas que cresceram tendo o vinho regional à mesa, mas que não sabem dizer com que uvas ele foi feito. O aprofundamento dos conhecimentos dos produtos, o hábito da degustação metódica, a pesquisa e a experimentação de novidades são práticas que vêm sendo incorporadas ao consumo de vinhos no mundo inteiro e que também acontecem no Brasil, com a diferença de que nesse país todas essas questões dependem em grande parte desse despertar do consumidor, já que o produto em si é estranho à maior parte dos consumidores.

Uma vez que o consumo do vinho remete à cultura estrangeira e há uma certa tendência à idealização da produção dos países considerados supostamente mais desenvolvidos,[20] a bebida carrega ainda essa aura de

---

[20] Digo supostamente mais desenvolvidos, porque existem, de fato, países mais fortes economicamente, mas existem outros que têm uma imagem de desenvolvimento e atualmente encontram-se em situações econômicas bem precárias (como a Argentina), que ainda provocam esse sentimento de inferioridade em muitos brasileiros.

sofisticação. Se é um produto que apresenta certa distinção, é ao mesmo tempo capaz de conferir aos que praticam esse consumo essa aura de sofisticação que, não raro, é sustentada além da medida, motivo por que muitos dos que pregam a cultura do vinho são hostilizados pelo público que não o aprecia profundamente, apesar de ter curiosidade em conhecer mais esse universo. Do mesmo modo, restaurantes e lojas especializadas na venda de vinhos nem sempre têm suas portas franqueadas ao público menos requintado.

É fato que alguns locais de venda e degustação apenas interessam ao consumidor de luxo e, em um país marcado drasticamente pelas diferenças econômicas e sociais, focar-se apenas na demanda do mercado dos que têm maior poder aquisitivo torna-se complicado, quando o setor de importadores e produtores nacionais se defronta com a necessidade de expandir as estatísticas de consumo do vinho no Brasil.

O mercado de vinhos brasileiros passa inevitavelmente por essa questão, sobretudo diante de uma concorrência feroz dos vinhos importados, mais valorizados simbolicamente e também em relação ao custo-benefício. No Brasil, a taxação sobre vinhos é muito alta para produtos nacionais e importados, mas o consumidor que tem aplicado cada vez mais o seu dinheiro em vinhos, sobretudo nos sul-americanos, entende que por ser produzido no país e ser supostamente "inferior", o vinho nacional deveria ser mais barato, razão pela qual as instituições que representam e promovem o vinho brasileiro têm se empenhado no sentido de identificar e testar meios de vencer as resistências do mercado.

A excessiva associação do vinho com o luxo e com o saber *expert* muitas vezes inibe o neófito de conhecê-lo. Essa dificuldade tem sido uma tônica também do discurso dos importadores, que ensaiam algumas iniciativas de aproximação com o público consumidor, embora as ações junto dos formadores de opinião, como consultores especialistas, jornalistas especializados, *sommeliers*, revendedores, etc., sejam predominantes.

No Brasil, as referências de qualidade de um vinho apontadas pelos que o consomem harmonizam-se com o perfil dos vinhos do Novo Mundo, especialmente os provenientes do Chile e da Argentina que, em função da proximidade e de acordos do Mercosul, conseguem chegar às prateleiras do país com preços bastante competitivos. Para o consumidor brasileiro, o item que mais indica a qualidade de um vinho é a origem (país), seguido respectivamente pela marca, cor/concentração de açúcar, preço e tipo de uvas de que é feito; dentre as uvas preferidas estão a Cabernet Sauvignon e a Malbec. A preferência por vinhos mais adocicados está relacionada com a indústria alimentar, repleta de comidas e bebidas muito doces. Os vinhos que mais agradam aos brasileiros são os "tintos encorpados, macios, frutados, madeirados e alcoólicos, de preferência imponentes, com garrafas pesadas" (Copello, 2013, p. 41), justamente o perfil dos que são produzidos na América do Sul.

Em 2007, algumas pesquisas encomendadas pelo Ibravin sobre o mercado de vinhos brasileiros foram realizadas pelo Instituto Market Analysis. Essas pesquisas embasaram a criação do programa Visão 2025,[21]

---

[21] Disponível em: http://bravin.org.br/projetos. Acesso em 4-4-2015.

que estabelece diretrizes, metas e ações fundamentais para o desenvolvimento do setor vitivinícola do Rio Grande do Sul nos próximos anos. Três cidades referências da região Sul, Sudeste e Nordeste – Porto Alegre, São Paulo e Recife – integraram a base de dados, o que pode nos apontar elementos importantes sobre o que motiva o consumo do vinho no Brasil, como as ocasiões especiais, o clima frio, a indicação de alguém que conhece o produto, etc. Dentre o que desmotiva estão fatores como a variedade, a falta de conhecimento, o clima quente e o preço alto.

De acordo com essa pesquisa, o consumo de vinhos no país dá-se especialmente por indivíduos com idade superior a 30 anos, e a motivação para o consumo predominante em cada faixa etária é variável: enquanto jovens entre 18 e 25 anos tomam vinho para embebedar-se ou em um encontro romântico, o público adulto dos 26 aos 40 anos o tem como uma bebida aprazível e relaxante. Alguns indivíduos com mais de 40 anos associam o consumo do vinho também com questões voltadas ao bem-estar e à saúde, preocupações que aumentam com o avanço da idade.

Também segundo a pesquisa, o consumo de vinhos no Brasil está associado a encontros familiares, refeições com amigos, ou jantares românticos. Graças ao próprio formato mais comercializado no país (750 mℓ), ao custo maior da bebida em comparação a outras e a toda a simbologia que remete ao imaginário do produto em união com a comida, o amor e a família, o vinho tem esse potencial de consumo doméstico. Em restaurantes e bares, os preços costumam ser mais altos e, atualmente, além do varejo presencial há uma grande expansão do varejo virtual, em que os preços costumam ser mais animadores.

Além disso, há também no Brasil um perfil de consumidor enófilo, que tem prazer em construir a sua própria adega para consumo doméstico. Uma tendência que vem crescendo no país é a criação das confrarias dos amantes de vinhos, que realizam encontros periódicos para degustação e trocas de experiências.

Um estudo realizado recentemente pelo Instituto de Pesquisa Nielsen (Balhes, 2014) sobre o consumo de vinhos no Brasil mostra que a proibição de dirigir após ingestão de álcool, com a implementação da lei seca, teve grande impacto na redução do consumo de vinhos fora do lar, o que cooperou com a criação de ocasiões de consumo do vinho em casa. A orientação dada pelo instituto de pesquisa para a expansão do mercado seria, então, o investimento na região Nordeste, já que há uma população expressiva que cresce, economicamente, muito nos últimos anos e encontra-se ainda 60% abaixo da média de consumo de vinhos em território nacional, enquanto as regiões Sul e o Sudeste estão 40% acima da média.

Expandir o consumo de vinhos finos no Brasil ainda é, portanto, um grande desafio. Trata-se de um mercado atraente pelo seu potencial crescimento, mas ainda insuficiente para sustentar uma entrada considerável de novos profissionais, que vislumbram mais êxito do que efetivamente conseguem. As taxas mostram que o consumo de vinhos importados aumentou bastante nos últimos anos: de 23,8 milhões de litros em 1998, saltou para 39,1 milhões de litros em 2004 e para 77,6 milhões de litros em 2011. Contudo, o número de empreendedores também aumentou.

Esse aumento naturalmente incomodou os produtores brasileiros, que se sentiram prejudicados diante da grande oferta de importados sul-americanos com preços muitas vezes menores do que as opções nacionais. A questão provocou muita polêmica quando algumas instituições ligadas à defesa do setor deram entrada, em 2011, em um pedido de aplicação da política de salvaguarda aos vinhos brasileiros no Ministério do Desenvolvimento, Indústria e Comércio Exterior (MDIC), interpelando por um aumento do imposto de importação praticado atualmente e pela limitação da quantidade importada.

O pedido foi recebido com indignação pelos importadores, revendedores e consumidores finais, pois essa iniciativa encareceria ainda mais um produto já pouco acessível. Nesse contexto, surgiram protestos e boicotes à venda do vinho nacional em alguns restaurantes, e os produtores nacionais e os importadores fizeram um acordo em que foram estabelecidas algumas medidas para favorecer a venda do vinho nacional, como a concessão de maior espaço nas gôndolas e a maior inclusão de vinhos brasileiros nos catálogos das importadoras.

A ascendência do consumo *gourmet* faz parte de um período em que se cultua a gastronomia de modo geral, intimamente relacionada com o vinho em sua apreciação sensorial detida e ritualística. Não apenas o vinho nacional nela se inspira, como também o mercado de cafés e o das cervejas especiais, um produto amplamente consumido pelo brasileiro.

Mesmo que o custo dos rótulos mais sofisticados de cervejas não deixe muito a desejar em relação ao vinho e esteja bem distante do que se paga normalmente pelas cervejas comuns, esse é um nicho que tem maior popularidade do que o dos vinhos dentre os consumidores, por exemplo. Ampliar o consumo dos vinhos e trazê-lo para a intimidade dos brasileiros é uma questão importante, prática nem sempre usual nos circuitos ainda muito restritos nos quais circula. Essa aproximação do consumidor já tem sido feita de alguns modos e será o tema do próximo capítulo.

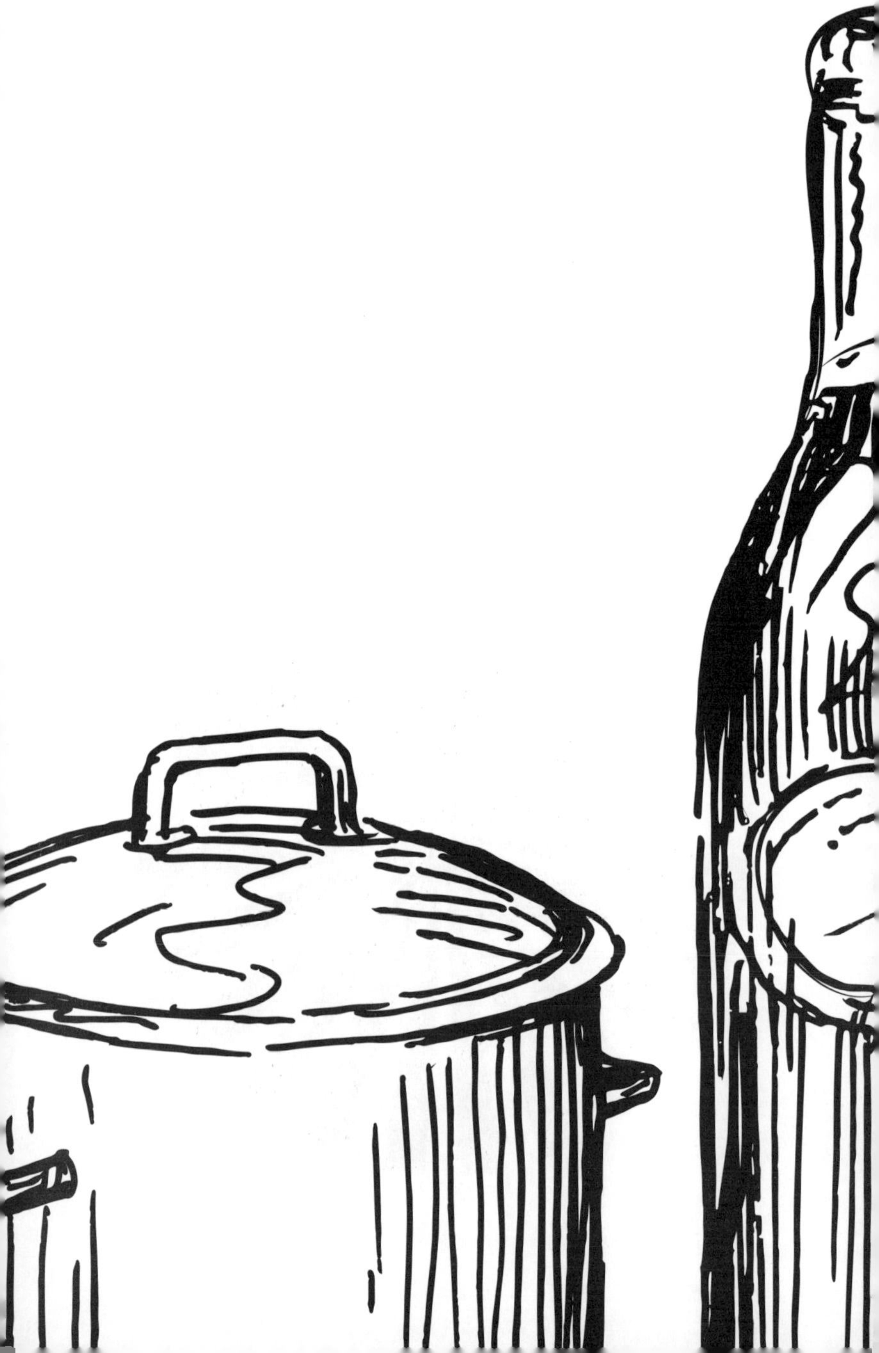

O vinho em nossa mesa

> A mesa é uma máquina social complicada, mas também eficaz: ela faz falar, 'vai-se à mesa' para confessar o que se gostaria de calar, deixar-se 'cozinhar' por um vizinho hábil, ceder à algazarra de um instante, a uma baforada de vaidade, à doçura aveludada de um vinho tinto e ouvir aquilo que alguém jurou, ainda ontem, jamais contar a alguém.
>
> LUCE GIARD et al. (1996)

Um estranho no ninho

Como mencionado no capítulo anterior, a produção e o consumo de vinhos finos se expandem, em termos estatísticos, ainda timidamente no Brasil, mas de forma suficiente para afirmarmos que o imaginário do brasileiro mudou (e muito) em relação à bebida, que já deixa de ser apenas um elemento ligado às grandes festividades e apresentado nos históricos garrafões para aliar-se, especialmente, à sofisticação da alta gastronomia e dos rituais de apreciação sensorial. Há uma cisão entre as concepções do que era um vinho e do que ele é hoje, imergindo o consumidor em um universo cultural sensorial sofisticado e em uma visão de consumo que ainda é estrangeira à maior parte dos brasileiros.

O vinho fino provoca fascínio em decorrência de sua imagem especializada e de sua sugestiva aliança com uma cultura superior, mas é esse mesmo pressuposto que, por vezes, limita a sua expansão a consumidores menos identificados com os bens e os serviços de luxo, pois para esse público, em muitos casos, o sentimento de incompetência para saber escolher, manusear, sentir, saborear e até mesmo falar sobre o que se consome é motivo de distanciamento.

Assim, enquanto a vitivinicultura brasileira se esforça para dominar o *savoir-faire* do vinho por meio dos avanços da enologia e dos modelos de superação de outros países, o consumidor se debate com o seu sentimento de inaptidão frente ao suposto *savoir-boire*[1] dos degustadores de vinho, e essa condição é retroalimentada tanto pela vocação enófila de alguns quanto pela crença nessa mística superioridade do que vem de fora.

No Brasil, o apreciador de vinhos é quase sempre admirado socialmente, mesmo quando não apresenta profundos conhecimentos sobre a bebida. Isso acontece pois o consumidor brasileiro ainda dispõe, na maior parte das vezes, de poucos recursos capazes de julgar as apreciações como procedentes ou não, embora na

---

[1] Expressão que faz analogia com *savoir-faire* e *savoir-être* para exprimir a capacidade e habilidade de conduzir as tarefas e atitudes de modo apropriado. No caso do *savoir-boire* (saber beber) remete tanto à habilidade de se apreciar uma bebida e não "beber por beber" quanto à capacidade de ter autocontrole ao consumi--la, beber moderadamente.

verdade esse não seja um fenômeno exclusivo do país, pois, também nos países mais tradicionais da cultura de vinho, as diferenças entre um leigo e um *connoisseur* são significativas. No entanto, nessas regiões não há, normalmente, a exigência de conhecimentos prévios para a apreciação da bebida, ao passo que no Brasil o exercício do livre-arbítrio degustativo é rodeado de constrangimentos.

Sustentado pelos especialistas e pela própria postura de muitos revendedores de vinhos, há, por um lado, o imaginário de que beber vinho não é para qualquer pessoa e, por outro, uma crença genérica de que o vinho brasileiro é inferior a quaisquer outros, como revelam algumas pesquisas a respeito da opinião dos consumidores (Ibravin, 2009). Como disse Jonathan Nossiter (2011), autor do documentário *Mondovino*, "os bebedores brasileiros cultivam um esnobismo provinciano a respeito do vinho nacional".

Nesse contexto, é muito simples deduzir que o vinho fino seja considerado um produto estrangeiro ao brasileiro e que se alguém não gosta de um vinho recomendado, provavelmente é porque não sabe apreciá-lo e deve adquirir ferramentas para tal. As apreciações de um crítico de arte ou de cinema, por exemplo, partem de princípios e critérios de qualidade menos genéricos do que o simples gostar ou não de algo, mas nem por isso as pessoas fazem cursos para poder comprar obras de arte.

Pode ser que essa forma de apreciar os vinhos ganhe novas perspectivas no Brasil, assim como o aprendizado da degustação pode abrir novos horizontes. Entretanto, apesar de compreender e respeitar o percurso dos enófilos apaixonados pela apreciação mais minuciosa do vinho, a formalidade excessiva, uma vez impregnada de racionalidade, pode ser nociva à espontaneidade da percepção sensorial e da experiência de degustar, normalmente associadas ao lazer, ao prazer, às sensações e às emoções. Essa questão vem sendo bastante debatida no país, em parte pelos produtores nacionais – nesse caso, especialmente em relação ao preconceito quanto à qualidade do vinho nacional –, em parte pelos próprios importadores, que precisam aumentar seus volumes de vendas e se veem limitados pelos altos impostos e pelo tímido avanço do consumo. Muitos são os que são favoráveis a descomplicar o consumo de vinhos e uma das iniciativas de maior êxito tem sido o incentivo ao comércio eletrônico associado às políticas de fidelização, como a criação de clubes de vinhos.

No âmbito do *e-commerce*, uma das empresas brasileiras que obtiveram maior destaque nos últimos anos é a Wine, cuja equipe é composta por *sommeliers* jovens que escrevem sobre os vinhos de modo menos formal. Na opinião de Khátia Martins, uma das *sommelières* da empresa, o brasileiro gosta de vinhos exuberantes em aromas, corpo e álcool, mas a ideia da empresa é não só explorar o que as pessoas gostam como também introduzir novas propostas de consumo por meio de uma linguagem que aproxime o consumidor:

> Na internet, talvez porque não tenham que se identificar, as pessoas perguntam muito. Eu penso muito em vinhos democráticos, que você não precise entender de vinho para gostar dele. Mas, mesmo assim, cada ser humano sente diferente:

NOSSA LÍNGUA É DIFERENTE, OS SENSORES SÃO DIFE-
RENTES, ENTÃO É PRECISO RESPEITAR E CONVERSAR
PARA ENTENDER O QUE O CLIENTE GOSTA.[2]

A *sommelière* Daniela Bravin, proprietária do restaurante Bravin, em São Paulo, tem alcançado grande destaque no cenário do vinho brasileiro pelo seu talento profissional e por sua postura vanguardista, que foge aos cânones conservadores. Em seu restaurante há uma adega bem diversificada, mas Daniela não trabalha com carta de vinhos, pois prefere atender o seu cliente de forma personalizada. Além disso, oferece muitas opções de produtos regionais brasileiros, como uma tábua de queijos artesanais, que inclui queijos de cabra e azuis produzidos em Joanópolis, no interior de São Paulo.

A SITUAÇÃO SE APRESENTA DA SEGUINTE MANEIRA: O
SUJEITO CHEGA, A GENTE DISCUTE PREÇO, GOSTO E AS
POSSIBILIDADES SÃO INFINITAS. O MAIS IMPORTANTE
PARA ISSO TUDO É A SUA TENTATIVA, CHEGAR E PRO-
VAR MESMO, NÃO TER MEDO DE ERRAR. ELE CHEGA
AQUI E DIZ: "EU QUERO PROVAR ISSO COM ISSO." "POR
QUÊ?" "AH, SEI LÁ, MEU, EU QUERO EXPERIMENTAR!"
SENSACIONAL![3]

O restaurante Aprazível, no Rio de Janeiro, também é um local que trabalha com o tratamento diferenciado do vinho no Brasil. Visitado por muitos estrangeiros,

---

[2] Trecho de entrevista concedida por Khátia Martins, *sommelière* da Wine, em janeiro de 2014. Disponível em: http://wine.com.br. Acesso em 13-5-2015.
[3] Trecho de entrevista concedida à autora por Daniela Bravin, proprietária do Bravin Restaurante, em janeiro de 2014.

é frequentemente indicado por guias e colunas da imprensa especializada em gastronomia pela boa oferta de comida *gourmet* e, especialmente, por ser um ponto de referência para o contato com a cultura brasileira em termos de ambientação, cardápio e produtos oferecidos, como os vinhos brasileiros, que representam 25% da carta do restaurante, que privilegia as produções mais artesanais. O proprietário afirma que, em média, a cada três vinhos comercializados, dois são nacionais.

Analisando as coberturas de imprensa sobre o restaurante é possível notarmos que não é apenas a qualidade dos vinhos que estimula o grande consumo dos rótulos nacionais no local, mas também a defesa da cultura brasileira com o aval de quem ajudou na concepção da carta de vinhos (o especialista francês Jonathan Nossiter) e das personalidades estrangeiras do país que frequentam o local e influenciam outros consumidores. Trata-se, portanto, de um discurso com grande viés ideológico em sintonia com o que se fez e se faz nas regiões que valorizam muito a identidade cultural do vinho: a busca pela autenticidade, pela tipicidade e pela memória cultural que se exprimem por meio de uma produção.

A condução "desnaturalizada" do consumo de vinhos

No início dos anos 1990, o Brasil tinha um perfil bem definido de consumidores de vinhos: homens acima de 40 anos de idade, com poder aquisitivo mais alto, que bebiam e discutiam vinhos em grupos fechados. Esse consumidor ainda existe e designa, em verdade, mais do que um perfil de consumidor: trata-se já de um perfil de consumo marcado por um público que bebe fartamente vinhos tintos encorpados e amadeirados – mesmo em condições climáticas pouco apropriadas para isso, como os verões intensos – ou vinhos importados consagrados no país nos últimos 15 anos.

A existência de um padrão de consumo que ainda se altera pouco de acordo com o contexto deve-se, em parte, à tentativa de reprodução de um modelo importado em vez de uma apropriação do produto, ou seja, uma assimilação das suas propriedades de acordo com a realidade contextual do lugar em que é consumido. Segundo Warde (2005), a prática é uma dimensão fundamental do consumo, um fenômeno sempre integrado à sociabilidade na qual ocorre a compra e o uso de um bem, portanto, a adoção de um consumo requer um sentido que o naturalize no cotidiano das pessoas e esse sentido apenas pode ser captado por meio de uma análise das trajetórias das práticas que o consolidam. Essa premissa é o que nos permite compreender que o mesmo vinho que sacramenta o ritual religioso do catolicismo possa ser demonizado em outras religiões.

Em alguns países europeus, o vinho tem *status* de alimento e não foi pela legislação que ele atingiu essa condição, mas sim pela sua presença cotidiana na mesa dos indivíduos que integram essas sociedades. No Brasil, em contrapartida, é muito difícil pensar que a bebida alcance esse mesmo *status* e, para saber quais lugares ela pode ocupar em nosso contexto, é necessário seguir não apenas as trajetórias do consumo que já se faz dela, sua interação com determinadas preferências culturais, gastronômicas e com o habitat de consumo, mas também das outras bebidas alcoólicas que são consumidas pelo brasileiro. É necessário, afinal, desvendar o nosso *terroir*.

Contextualizar o consumo de vinhos é qualificar essa experiência, ao passo que padronizá-lo é ignorar os sentidos que as trajetórias das práticas de consumo já construíram e ainda constroem, e extrair os sentidos dos seus itinerários. Do mesmo modo, a tentativa de enquadramento das percepções qualitativas em valores numéricos e extensivos à generalidade dos consumidores, como ocorre nos *rankings* de avaliações de vinhos, pode ignorar os públicos aos quais se dirige, perdendo a propriedade de comunicar uma qualidade.

A partir dessas reflexões, resolvi criar um projeto que fosse capaz de entrar em contato com as práticas de consumo dos vinhos dos brasileiros e sugerir uma leitura qualitativa diferenciada dos experimentos de degustação atualmente praticados. Esse projeto funcionaria como uma representação desse pensamento, um exercício de contextualização do consumo de vinhos no cotidiano brasileiro e, afinal, um exercício de avaliação sensorial a partir de uma perspectiva qualificada.

O projeto "O vinho em nossa mesa"

O projeto intitulado "O vinho em nossa mesa" foi concebido em abril de 2014 e, com a intenção de identificar traços do consumo brasileiro, construiu-se a partir da realização de encontros entre os amantes de vinhos mais especializados (*sommeliers*, consultores, professores de vinhos, degustadores e jornalistas especializados) e uma pequena amostragem de leigos, que deveriam fazer uma harmonização entre os vinhos e os pratos brasileiros. Assim, o primeiro passo foi inverter a direção do consumo, isto é, em vez de transportarmos os participantes à ambiência associada ao vinho, a bebida é que foi transportada para a mesa deles, que tiveram como desafio descobrir as afinidades entre o vinho e a culinária regional brasileira.

A razão para a escolha desse ritual de harmonização pautou-se na ideia de fazer com que os vinhos dialogassem com um elemento que diz muito sobre a identidade cultural de qualquer região: a sua comida. Os ingredientes e os pratos são aspectos de heranças culturais, de frutos e produtos de um determinado território, assim como os modos de preparar os pratos e de associar os ingredientes assinalam as preferências gustativas regionais e remetem a outras formas de associação do cotidiano delas, como as formas de comer, o sequenciamento dos pratos, etc.

Para os encontros, selecionei pratos regionais típicos que fossem bem representativos da cultura gastronômica brasileira e uma gama de vinhos que supostamente poderia combinar com a comida. Nessa seleção, foi respeitada ainda a dimensão do gosto leigo, buscando garantir a amostragem de uma opinião menos talhada pelo ofício especializado e capaz de corresponder ao gosto da maioria dos potenciais consumidores de vinhos no Brasil. As degustações foram realizadas às cegas, sem remissão a nomes e marcas de vinhos, mas, diferentemente de uma análise comparativa e hierárquica das qualidades da bebida, importava mais uma discriminação qualificada das compatibilidades entre ela e um mesmo prato.

A amostragem dos vinhos não se limitou aos rótulos brasileiros, pois acredito que esses vinhos não esgotam a variedade de produtos que existe hoje na mesa dos brasileiros; afinal, muitos deles conheceram o perfil do vinho nacional por meio dos importados. Nesse sentido, limitar a diversidade dos vinhos no experimento seria, portanto, empobrecer o seu consumo, e o objetivo da dinâmica proposta era também a de passar ao consumidor a ideia de perfil de vinho que combina com a comida e não fazer uma apologia às origens e às marcas.

Assim, muito mais do que propor uma nova metodologia de degustação, o intuito da experiência foi chamar a atenção para o consumo contextualizado do vinho, para as práticas comensais da nossa cultura e para a diferença qualitativa entre variedades da bebida. Nada poderia ser mais simbólico do que a constatação da qualidade de um vinho quando combinado à comida, pois um prato pode facilmente diminuir a percepção de determinados aspectos bem como exaltar as características de outro, pouco afeiçoado ao consumo no singular.

Foram realizados seis encontros entre março e outubro de 2014, quatro deles em Belo Horizonte (MG), um em São Paulo (SP) e outro no Rio de Janeiro (RJ), todos envolvendo pratos típicos da culinária nacional. O número de degustadores variou entre 8 e 15 pessoas e a quantidade de vinhos, entre 10 e 17 rótulos a cada encontro, considerando que alguns participantes levaram duas opções de vinhos e que alguns produtores e importadores quiseram enviar produtos para participar da harmonização. Os formulários de avaliação apresentavam um formato que permitia uma análise qualificada da degustação e que serviam de base para tecer algumas reflexões sobre o processo de harmonização e a aptidão dos pratos brasileiros aos vinhos, além da observação de curiosidades.

Assim, foi solicitado aos degustadores que escolhessem, ao fim de cada sessão, os vinhos que geraram as três melhores harmonizações com os pratos, justificadas pelos aspectos dos vinhos que salientavam a boa combinação. A seguir, apresentaremos um breve apanhado das regras de harmonização que constam da literatura do vinho para depois passarmos aos resultados dos encontros.

A harmonização entre pratos e vinhos

Se pensamos na lei básica tão difundida da harmonização – para peixes e aves, vinhos brancos, para carnes vermelhas, vinhos tintos –, parece algo bem simples combinar vinhos e pratos, mas na verdade, apesar de essa regra ser válida, ela não esgota as possibilidades de escolha, já que há muitos tipos de vinhos brancos e tintos que podem ou não resultar em boas combinações a depender até mesmo do tipo de preparo de um determinado prato e seus acompanhamentos. Desse modo, apesar de existirem alguns princípios que ajudam a identificar as melhores aderências, é possível que uma combinação considerada acertada traia as expectativas.

De maneira geral, ao buscar uma harmonização, devemos considerar um equilíbrio entre a estrutura, a aromaticidade e alguns sabores dos elementos combinados. Esse equilíbrio às vezes resulta da semelhança de aspectos, como ocorre entre o corpo do vinho e o peso da comida ou entre a intensidade olfativa de ambos, mas pode resultar também do contraste entre características marcantes e opostas dos elementos em causa que, a partir do encontro, serão ajustadas, tornando a experiência de comer e beber harmônica, como no caso de um vinho doce que compensa um prato salgado ou de um vinho tânico que se suaviza na combinação com um alimento gorduroso.

Real (*apud* Borges, 2007) indica três fatores como fundamentos básicos da harmonização: o equilíbrio entre as estruturas dos pratos e dos vinhos; a harmonia entre as sensações provocadas por ambos; e o realce simultâneo que um pode provocar no sabor do outro quando bem harmonizados. Assim, genericamente, pode-se dizer que vinhos leves, frescos, frutados e pouco alcoólicos combinam com pratos leves, pouco gordurosos, de condimentação discreta e digestão simples; vinhos de corpo mediano acompanham comidas de peso mediano e vinhos encorpados ajustam-se a pratos pesados, gordurosos e de digestão longa.

No entanto, estruturas diferenciadas podem dialogar bem quando a leveza de um vinho ou de um prato é subvertida por um caráter aromático ou alguma excentricidade gustativa, que acaba por realçar a personalidade dos elementos em uma combinação que, de outro modo, seria sobrepujada pela falta de estrutura, como ocorre com o casamento entre vinhos Rieslings alemães, mais adocicados, e carnes mais fortes, quando "o peso da comida sobrepuja o corpo do vinho, mas os aromas, a acidez frutada e o adocicado da bebida propiciam sensações mais acentuadas do que as carnes, recompondo o conjunto" (Borges, 2007, p. 38).

Em relação aos ajustes por contraste, Borges (2007) fala dos princípios de "adaptação cruzada", isto é, da doçura que atenua a acidez, o amargor e o sabor salgado, por exemplo, e, em decorrência disso, alguns pratos gordurosos, que tendem a um sabor mais adocicado, ajustam-se melhor aos vinhos de alta acidez ou, então, os vinhos com alto nível de açúcar residual harmonizam-se mais com queijos, embutidos salgados e gordurosos. Também segue-se como princípio a ideia de que o sabor salgado acentua o amargo, razão pela qual os taninos e os pratos salgados são incompatíveis, ao passo que há compatibilidade desse tipo de vinho com os pratos à base de carnes gordas ou altas, pois ajustam a untuosidade, que também pode ser equilibrada pela efervescência dos espumantes.

Se os pratos mais salgados chocam-se com os taninos, o contrário ocorre com os vinhos que contêm maior acidez, característica fundamental no vinho que melhor harmoniza com o sal na comida, pois o sal neutraliza a acidez do vinho e permite que os sabores subjacentes sejam realçados. No caso dos defumados, a semelhança com os toques tostados do carvalho pode sobrecarregar as papilas gustativas se estiverem muito presentes e evidentes, dificultando a percepção de qualquer elemento. As harmonizações clássicas com pratos defumados pedem frescor e fruta, como presunto de Parma e Lambrusco, carnes defumadas e vinhos muito aromáticos e frutados da Alsácia ou, ainda, salmão defumado e Sauvignon Blanc francês (Gasnier, 2008).

A combinação entre as especiarias e os aromas dos vinhos pode resultar em sensações igualadas, mas um alto nível de condimentação nos pratos pode tornar complexa a harmonização, já que os sabores desses elementos são muito onipotentes. Caso a combinação seja inevitável, a melhor opção para harmonizar os elementos costuma ser o vinho refrescante.

A compatibilidade desejada entre pratos e vinhos ocorre, portanto, quando não há prejuízo de sabores, mas sim o favorecimento da percepção e a valorização de cada um deles. Para Robinson (2010), muitas vezes encontrar o vinho ideal não é uma tarefa fácil, já que nem sempre temos acesso a todas as informações sobre os processos e as etapas de elaboração da bebida que podem ser fundamentais para a existência de diferenças entre tipos similares. De fato, uma boa sinergia necessita de muitos critérios e de experimentações de possibilidades, prática recomendável para os *sommeliers* na criação de cartas e no ofício em restaurantes.

A especialista também acredita que é possível tomar qualquer vinho com qualquer comida, considerando que normalmente há um intervalo entre o consumo de um e outro. A sua preocupação está mais em indicar alimentos que sacrificam a harmonização e que devem ser evitados em companhia da bebida, como: alimentos muito ácidos ou ingredientes como alcachofra e aspargos, que usualmente provocam um gosto metálico no vinho, gema de ovo e chocolate, que grudam na boca e ofuscam outros sabores, peixes em conserva, etc.

Em termos de harmonização, é sempre válido observar as combinações tradicionais, pois elas são fruto de um longo processo histórico de países como a França, em que a regionalidade da comida evoluiu em consonância com o vinho, e algumas combinações validadas por tantas gerações ainda merecem atenção, apesar de experiências posteriores resultarem eventualmente em harmonias melhor conseguidas. Há inúmeras harmonizações clássicas praticadas internacionalmente que provêm do modelo francês, considerado uma referência enogastronômica, como a combinação entre o *cassoulet* do Sudoeste da França e os vinhos do Madiran e do Cahors, ou do *coq au vin* e os tintos da Borgonha, etc.

A prática da harmonização tem uma forte relação com o modo que as refeições são servidas e consumidas. O banquete medieval, por exemplo, pouco se afinava com essas combinações, a começar pela culinária altamente condimentada (canela, cravo, gengibre e açafrão) e pela prática de servir de uma vez só uma fileira de pratos diferenciados, que ficavam sobre a mesa à disposição dos comensais. É somente a partir do século XVIII que a alta gastronomia francesa cria o sequenciamento sofisticado e mais objetivo do serviço de mesa, que passa a ser acompanhado por vinhos que combinam com distintos pratos em uma ordem que vai dos pesos leves aos encorpados.

Desse modo, encontrar um vinho que combine com pratos mais homogêneos parece ser mais simples e apropriado à proposta de harmonização do que a combinação de pratos únicos que misturam muitos ingredientes, como é típico do formato de refeição brasileiro, como exemplificado a seguir.

Seis pratos brasileiros e seus vinhos

MOQUECA BAIANA

A moqueca é um prato à base de peixes e frutos do mar cozidos com diferentes temperos a depender da versão. Esse prato é difundido e apreciado em muitos estados brasileiros, especialmente servido em restaurantes de comida regional baiana ou capixaba, regiões em que é uma iguaria típica. Originalmente, a moqueca é uma variação de pratos indígenas da costa do Espírito Santo e da Bahia, mas cada região mescla outras influências culinárias locais, tornando-as distintas umas das outras.[4] Assim, a moqueca baiana teve uma influência nitidamente mais africana e em sua receita foram incorporados o azeite de dendê, o leite de coco e outros condimentos; a receita típica capixaba, que tem mais referências indígenas e portuguesas, conta com ingredientes diferentes e mais leves: tintura de urucum, em vez de dendê para dar cor ao prato, azeite de oliva, tomate maduro, cebola, alho e coentro.[5]

Para a primeira harmonização do projeto "O vinho em nossa mesa", escolhemos uma deliciosa moqueca baiana feita com peixes e camarões, servida pelo bar e restaurante Baiana do Acarajé, em Belo Horizonte, local bem conhecido pela especialidade. O encontro, como dito anteriormente, foi realizado às cegas, com os vinhos servidos na sequência mais usual de um menu

---

[4] Disponível em: http://brasilcultura.com.br/cultura/moqueca-capixaba. Acesso em 5-2-2015.

[5] Disponível em: http://brasilcultura.com.br/culinaria-brasileira. Acesso em 5-2-2015.

degustação: primeiro espumantes, depois vinhos brancos, rosados e tintos. Os vinhos foram levados pelos convidados como um palpite de harmonização e a escolha deles entre as opções ofertadas era livre, ou seja, não havia quaisquer restrições quanto a tipo, origem e preço, uma vez que o foco era avaliar a aptidão da bebida ao prato. Cada convidado preencheu uma ficha de avaliação de cada um dos vinhos e escolheu suas três harmonizações preferidas; depois da votação de todos, as identidades dos vinhos foram reveladas. Todos os encontros em Belo Horizonte envolveram, além de uma amostragem de leigos, especialistas da área do vinho, que degustam com frequência, como *sommeliers* de restaurantes, comerciantes, consultores e professores. Dentre eles, devo destacar o apoio de Márcio de Oliveira para viabilizar a realização das sessões.

Falar de moqueca é falar de peixe e falar de vinho com peixe nos remete a um palpite imediato, amplamente difundido pelas regras de harmonização: o vinho branco. Entretanto, não estávamos diante de um filé de linguado grelhado ou de uma truta com amêndoas, pratos clássicos da cozinha internacional, estávamos diante de um prato caudaloso, caloroso, untuoso e com condimentos exóticos, isto é, um prato de peixe diferenciado que, por suas características, pede um vinho com mais estrutura, alguma aromaticidade e frescor. Consequentemente, as sugestões dos convidados foram mais diversas: entre 10 vinhos indicados, 4 eram brancos, 4 eram *rosés* e 2 eram tintos.

O que pautou a escolha inicial dos vinhos pelos participantes foi a busca por tipos de médio corpo que tivessem acidez suficiente para ajustar a untuosidade do prato, já que a moqueca servida não levava apenas peixe, mas também camarões, leite de coco e azeite de dendê. Esses ingredientes e os temperos do prato foram outros quesitos levados em consideração na pré-seleção dos convidados, que a partir disso poderiam ter como companhia vinhos nivelados do ponto de vista aromático. Como acontece geralmente, as referências são muito variadas quando trata-se de compor uma harmonização: experiências de outros, analogias com harmonizações clássicas de pratos semelhantes ou de bebidas semelhantes. No caso da moqueca, os convidados se inspiraram também em experiências de bons acordos com Pinotage e com os vinhos que acompanham uma tradicional sopa de peixe francesa.

Os brancos, em média, tiveram boa avaliação combinados com a moqueca, exceto quando não tinham estrutura suficiente para acompanhar o calor e o corpo da especialidade baiana, ficando encobertos pelo prato. Os *rosés*, pelo contrário, atendiam o quesito estrutural, mas em função de suas paletas aromáticas e gustativas diversificadas, tendendo mais à groselha, à framboesa e aos sabores mais exóticos, nem sempre encontraram um ponto de equilíbrio com o prato. Dentre as opções, o que obteve maior aprovação tem forte personalidade: com 100% de Pinot Noir, conseguiu impor-se perante a moqueca sem, no entanto, destruí-la. Os tintos, como esperado, não mostraram a mesma aptidão: ofuscaram o prato, aumentaram a temperatura da experiência e provocaram interações estranhas com os condimentos, o que não quer dizer que não exista a possibilidade de harmonizar peixes com vinhos tintos, especialmente se a carne for mais gordurosa e espessa.

[MOQUECA BAIANA]
VINHOS ESCOLHIDOS E COMENTÁRIOS

- 1º COLOCADO: ESPORÃO RESERVA BRANCO 2012, ALENTEJO, PORTUGAL

  Este vinho branco português tem untuosidade e acidez suficientes para acompanhar o caprichoso azeite de dendê e, ao mesmo tempo, ajustar as papilas, limpar a boca e construir o sabor do prato. Sendo assim, ele cumpre o que se recomenda em uma harmonização: acompanhar a estrutura do prato sem encobrir as suas características ou ser ofuscado por elas e, na medida do possível, valorizar ainda mais o seu sabor, tornando a experiência de comer e beber ainda mais deliciosa.

- 2º COLOCADO: ROSÉ DE MARSANNAY DOMAINE CLAIR-DAU LOUIS JADOT 2009, CÔTE DE NUITS, FRANÇA

  Vinho *rosé* bourguignon, de cor salmão, 100%, proveniente da nobre casta Pinot Noir, que combina delicadeza e personalidade necessárias para suavizar a untuosidade sem apagar o prato.

- 3º COLOCADO: TRINITY HILL GIMBLETT GRAVELS CHARDONNAY 2006, NOVA ZELÂNDIA

  Vinho neozelandês, proveniente da cepa Chardonnay, é rico em aromas de frutas cítricas maduras, tem textura cremosa, volume e notas defumadas que resultam da sua integração com o carvalho, acompanhando a untuosidade e a condimentação do prato.

FEIJOADA

O segundo prato escolhido para a harmonização não poderia faltar em qualquer projeto que pretendesse falar minimamente sobre a culinária brasileira. Seja como especialidade de muitas casas, prato especial das quartas-feiras e dos sábados ou como iguaria cotidiana dos restaurantes por quilo, esse prato pesado, calórico, com alto teor de colesterol e completamente contrário ao estilo *light* é, acima de tudo, um prato muito consumido e adorado pelos brasileiros.

Apesar de muito popular no Brasil, a feijoada tem origem portuguesa e isso explica bem os resultados da harmonização que serão apresentados em seguida. Oriunda da região Norte de Portugal, o prato apresenta já nesse país algumas variações: no Minho e no Douro Litoral, é feita com feijões-brancos e, em Trás-os-Montes, é feita com feijões-vermelhos. No Brasil, trata-se de um guisado de feijão-preto com carnes gordas de porco e de boi acompanhado por couve picada e refogada, laranja fatiada, farofa, arroz branco e molho à base de vinagrete e caldo de feijão.[6]

A harmonização desse prato com um vinho não costuma ser considerada fácil, embora esse não tenha sido exatamente o veredito do segundo encontro do projeto "O vinho em nossa mesa". O motivo apontado para as dificuldades está na grande corpulência do prato, com sua explosiva base proteica de feijão e carnes gordas, acrescida de temperos e aromas defumados. Como é

---

[6] Disponível em: http://brasilcultura.com.br/culinaria-brasileira. Acesso em 5-2-2015.

um prato de difícil digestão, uma boa harmonização resultaria em uma experiência com um vinho capaz de refrescar a refeição e, ao mesmo tempo, que combinasse com todos os ingredientes do prato.

O local escolhido para a harmonização da feijoada chama-se La Farina, e está localizado em um bairro nobre e tradicional de Belo Horizonte. O restaurante é simples e tradicional, o que foge à regra dos ambientes voltados ao consumo de vinhos, razão pela qual foi selecionado em uma tentativa de buscar a tradição do restaurante em servir o prato aos sábados.

O feijão, ingrediente que está entre muitos pratos brasileiros, tem consistência pastosa e adocicada, por isso esse aspecto deve ser considerado em todos os pratos em que ele predomina, já que irá demandar notas de frutas nos vinhos. Por outro lado, temos no prato partes salgadas e defumadas oferecidas pelas carnes, assim como o amargor da couve, o que sugere cuidado com vinhos tânicos. Finalmente, é um prato quente, encorpado e gorduroso, que requer vinhos de estrutura e pode apagar vinhos leves, mas que também demanda frescor e acidez, a fim de ajustar a gordura, limpar as papilas gustativas e refrescar a experiência.

Todos esses aspectos guiaram as escolhas e foram percebidos pelos participantes do encontro, que pré-selecionaram seis vinhos tintos tranquilos, três espumantes, sendo um deles tinto, e um vinho branco tranquilo para essa experiência. Uma boa inspiração para as escolhas foi a tradicional bebida brasileira de acompanhamento para o prato: a caipirinha, em que a acidez, a corpulência e o açúcar que buscamos no vinho ideal combinam-se perfeitamente.

Apesar da expectativa de encontrarmos um prato de difícil harmonização, boa parte dos vinhos levados como sugestão teve boa afinidade com a feijoada, alguns por casarem bem com as texturas e os sabores do prato, outros por provocarem certa ruptura do seu peso, refrescando-o. A surpresa, no entanto, veio ao fim da experiência, quando descobrimos que o vinho mais votado para a harmonização foi um rótulo proveniente da mesma origem do prato, isto é, apesar de a feijoada brasileira ser diferente da portuguesa, ela combinou perfeitamente com o vinho português criado especialmente para sua versão lusitana: o Feijoada & Co 2008.

[FEIJOADA]
VINHOS ESCOLHIDOS E COMENTÁRIOS

- 1º COLOCADO: FEIJOADA & CO 2008, PENÍNSULA DE SETÚBAL, PORTUGAL

Feito com as castas típicas do Alentejo, é um vinho com destacada acidez e toques de frutas maduras, o que favorece o equilíbrio da gordura do prato e complementa bem o seu sabor, garantindo uma sensação frutada que dá fôlego para as próximas garfadas.

O vinho Feijoada & Co comprovou no teste às cegas o êxito da proposta de produzir um vinho focando-se no seu consumo, como propôs a jovem vinícola portuguesa Wine with Spirit. Nesse sentido, vale comentar que, como mencionado no capítulo 3, de acordo com o paradigma da origem as condições originais do vinho são determinantes para a sua qualidade, razão pela qual uma produção da ordem do Feijoada & Co inverte a premissa do *terroir*, enfatizando o consumo (ou o que acompanha o consumo do vinho) como diretriz de sua qualidade. Essa produção pautada em um perfil bem definido de produto contraria, portanto, uma visão mais purista de que o vinho é um produto agroalimentar natural, predeterminado por sua origem.

- **2º COLOCADO: DE LUCCA MARSANNE RESERVA 2009, CANELONES, URUGUAI**

  Elaborado com a uva típica do Vale do Rhône francês, que produz vinhos robustos e concentrados, esse varietal uruguaio tem aromas instigantes de nêspera e damasco, com toques oxidativos, tonalidade amarelo-dourada e aromas e gostos amendoados. Por ser um branco de personalidade, ele mantém sua orientação organoléptica perceptível diante da feijoada e propicia um encontro bem particular, de sabor diferenciado.

- **3º COLOCADO: BOUZA TANNAT 2012, CANELONES, URUGUAI**

  Esse foi um dos três vinhos selecionados como melhor para acompanhar a feijoada, no entanto, não foi considerado efetivamente a terceira opção, visto que dividiu o segundo lugar com o outro uruguaio branco já mencionado. O Bouza Tannat, um autêntico *harriague* (nome tradicional da tannat no Uruguai) de cor rubro violeta, aroma frutado e notas de carvalho bem aparentes, harmonizou-se bem com o prato, mantendo-se imperioso e nítido. Contudo, merece algumas ressalvas, já que provém de uma safra de taninos ainda recente para ser domada e pela influência evidente da madeira nos traços organolépticos do vinho – elementos que entram em choque com as partes salgadas e defumadas do prato. O resultado da experiência, no entanto, é legítimo e deve ser respeitado.

FRANGO COM QUIABO

O terceiro prato escolhido para a harmonização foi uma iguaria bem típica mineira: o frango cozido ao molho, misturado com quiabo e normalmente acompanhado de angu, arroz e couve, um ingrediente presente em muitos pratos típicos brasileiros. O quiabo chegou ao Brasil com os escravos africanos e faz parte de alguns pratos típicos regionais, como o frango com quiabo, o caruru ou o quiabo refogado com carne moída. Esse ingrediente é, na verdade, uma hortaliça da família da malva, cujo fruto é uma cápsula fibrosa cheia de sementes brancas e redondas. Barato e altamente nutritivo, seu uso popularizou-se em alguns estados brasileiros, como Minas Gerais e Bahia.

Em um primeiro momento, a tarefa de harmonizar o prato parecia simples; no entanto, a experiência revelou maior dificuldade dada certa rusticidade do prato, composto por partes leves e gordas do frango, e sua consistência caudalosa, com toques adocicados e vegetais conferidos pelo quiabo.

Em geral, as aves que não são consideradas de caça têm uma carne branca de grande leveza, a depender de suas partes e do modo de cozinhá-las. Um peito de frango, por exemplo, poderá ser tão leve quanto um peixe grelhado, ao passo que as asas e as coxas de frango, quando fritas, podem tornar o frango bem mais calórico, gorduroso e condimentado. Outro aspecto relevante na avaliação é o tipo de frango que compõe o prato, isto é, se é de granja ou caipira, pois o primeiro tem carne mais tenra e de sabor ligeiro e o segundo tem carne com gosto mais concentrado e textura mais fibrosa.

No caso do frango com quiabo servido no encontro proporcionado pelo projeto, o frango era de granja e quase todas as suas partes foram aproveitadas, tornando uma característica do prato a própria ausência de uma vocação a um perfil de vinho muito definido. Nessa situação, uma opção com melhores resultados para harmonização seria um vinho intermediário, com corpo médio, para não encobrir o sabor do prato nem desaparecer perante sua força, levemente doce, como os traços do prato, com boa acidez, para ajustar a sua untuosidade líquida e, se possível, com toques minerais e defumados, conformando-se com a rusticidade do prato.

Naturalmente, tivemos uma ampla diversidade de vinhos (espumantes, brancos, rosados e tintos de diferentes calibres) pré-selecionados para a degustação. A variedade mais cotada foi a Pinot Noir e os vinhos italianos também obtiveram bons resultados e, independentemente dos rótulos que venceram, podemos dizer que os resultados apontam como bom acompanhamento para o frango com quiabo os vinhos tintos de corpo médio, frutados e com boa acidez, em um estilo mais Velho Mundo, menos ostensivo e mais gastronômico.

A uva Pinot Noir de rústica não tem nada, aliás talvez essa seja a mais nobre e respeitada de todas as cepas, pela sua difícil adaptação a muitos *terroirs*, o que a torna, de certo modo, rara e exclusiva a certas produções, dentre as quais, algumas marcadas por extrema elegância e complexidade. A região da Borgonha é o território no qual essa cepa melhor expressa essas características de nobreza. No entanto, em outras regiões nas quais é menos tradicional, de modo geral, gera vinhos delicados e frutados, como o caso dos que se aproximaram de uma boa harmonização com o frango com quiabo. Dos vinhos degustados na ocasião, quatro provinham da Pinot Noir, mas apenas um desses foi considerado completamente apto.

[FRANGO COM QUIABO]
VINHOS ESCOLHIDOS E COMENTÁRIOS

- 1º COLOCADO: ELENA WALCH PINOT NERO PRENDO 2009, ALTO ÁDIGE, ITÁLIA

  O vinho tinto italiano Pinot Noir é leve, fresco, com aromas de framboesa, couro e toques minerais. Ajusta e complementa: vinho e comida se fundem.

- 2º COLOCADO: QUINTA DAS MAIAS RESERVA 2008, DÃO, PORTUGAL

  Um Dão de estilo mais moderno, com frutas vermelhas maduras e potência. Equilibra o prato, ajustando a sua untuosidade e deixando um gosto final de boca persistente.

- 3º COLOCADO: PIETRO BECONCINI ANTICHE VIE 2012, CHIANTI DOCG, ITÁLIA

  Tinto toscano com bom equilíbrio entre acidez, fruta e corpo. Esse vinho se sustenta com o prato sem alterar-se e sem modificar as suas características organolépticas. Dividiu opiniões, já que para alguns deixou leve amargor no final de boca.

FEIJÃO-TROPEIRO

O feijão é um ingrediente muito presente em variados pratos da culinária brasileira, sendo apreciado, principalmente, em conjunto com seu principal acompanhamento, o arroz. Faz parte dos grãos classificados como leguminosas, é muito rico em ferro, fibras e proteínas. Entre os pratos brasileiros que utilizam esse ingrediente como base, estão a feijoada, o tutu de feijão, o baião de dois, o caldinho de feijão, a dobradinha com feijão-branco, o próprio acarajé, o feijão-tropeiro – um dos pratos mais prestigiados e, por essa razão, selecionado para o projeto –, entre outros.

O termo "tropeiro" refere-se especialmente aos homens aos quais foi atribuída a função de transportar, a cavalo, gado e mercadorias a partir do século XVII, período da descoberta das minas de ouro e pedras preciosas em Minas Gerais. Esses homens faziam longas viagens para buscar mulas na região Sul e comercializá-las em São Paulo e em outras localidades. Eram quase sempre rudes e seus alimentos eram guardados em alforjes de couro, no lombo dos animais (Romanelli, 2012). Além do feijão, levavam consigo, para alimentação, arroz, carne-seca, toucinho e carne suína conservada na própria gordura do porco, farinhas de milho e de mandioca, sal, alho, açúcar e pó de café.[7] A combinação de alguns desses ingredientes gerou, então, alguns pratos que se popularizaram, como o feijão-tropeiro.

A versão do prato harmonizada no quarto encontro do projeto "O vinho em nossa mesa" não conservava a rusticidade dos tropeiros, pois foi preparado de um

---

[7] Disponível em: http://brasilcultura.com.br/. Acesso em 6-2-2015.

modo mais *gourmet* pelo *chef* Jaime Solares, responsável pela cozinha da Borracharia Gastropub, em Belo Horizonte. Contudo, o primoroso tratamento estético não afetou em nada a receita desse prato tão apreciado pelos mineiros, apenas o deixou mais apetitoso.

Para a harmonização, nove vinhos foram pré-selecionados pelos convidados, que se basearam em alguns aspectos técnicos para escolhê-los: boa acidez, para fazer frente à gordura das carnes; intensidade e estrutura suficiente para não ser subjugado pela potência do prato; toques defumados, mas não excessivos, para harmonizar-se com as carnes defumadas; taninos já tratados pela longevidade, de forma a acompanhar o peso do prato sem entrar em choque com as partes salgadas do feijão-tropeiro; e variedades de uva com toques semelhantes aos herbáceos do prato.

O processo de escolha do vinho mais adequado para acompanhar o prato tardou um pouco, contudo, o vinho selecionado foi unanimemente o preferido, e o que justificou a sua predileção foi a estrutura potente que apresentou para acompanhar o prato, com taninos que não entraram em choque com os vários elementos salgados (carne defumada, linguiça, torresmo, sal grosso salpicado sobre o ovo), com presença de fruta sem exagero, provocando um contraste com esses elementos, e com toques vegetais herbáceos característicos da uva Carménère, que combinaram bem com o gosto terroso do feijão. Houve quem contestasse o resultado, considerando inadmissível um vinho varietal dessa uva, excessivamente adocicada, fazer frente a um prato gordo que, em sua opinião, requer mais acidez e taninos para facilitar a sua digestão.

Questões metodológicas, preferências culturais, características distintas de vinhos "aparentemente" determinadas pela uva, enfim, uma série de possibilidades poderiam justificar a incoerência do resultado, no entanto, também poderiam ser indicativos de que toda regra tem exceções, especialmente quando dizem respeito às percepções sensoriais. A baixa acidez da cepa Carménère a torna, de fato, menos predestinada à gastronomia, mas no contexto do encontro, o vinho a que deu origem funcionou para boa parte dos convidados. Os outros dois vinhos escolhidos foram, mais uma vez, de origem portuguesa.

[FEIJÃO-TROPEIRO]
VINHOS ESCOLHIDOS E COMENTÁRIOS

- 1º COLOCADO: CONCHA Y TORO GRAN RESERVA, SÉRIE RIBERAS CARMÉNÈRE 2011, CHILE

    Aroma herbáceo, toques achocolatados e defumados de sua evolução em barrica com corpo para acompanhar e ajudar a construir o prato, mantendo-se nítido. Os toques herbáceos desse varietal de Carménère chilena se ajustaram bem ao feijão e à couve.

- 2º COLOCADO: FORAL RESERVA 2010, DOURO, PORTUGAL

    Corte tradicional do Douro português (Touriga Nacional, Tinta Roriz e Touriga Franca) que, como os demais, é corpulento, imponente, de cor intensa e aromas de frutas pretas maduras. Combinou bem com o tropeiro, no limite de se tornar mais expressivo do que o prato.

- 3º COLOCADO: EA ADEGA CARTUXA 2013, ALENTEJO, PORTUGAL

    Linha mais comercial da Adega Cartuxa, com corte tradicional dos tintos alentejanos. Jovem e fácil de beber, com taninos finos, ainda jovens e notas vegetais. Boa acidez e equilíbrio. Em contato com a comida, funciona, embora fique diminuído, talvez pelo estilo elegante em contraste com a natureza mais rústica do prato.

VIRADO À PAULISTA

O quinto encontro do projeto realizou-se em outra capital do Sudeste: São Paulo, centro da alta gastronomia brasileira, de um mercado com significativo consumo de vinhos e também de uma representativa concentração de críticos, razão pela qual sedia frequentemente eventos de degustação e de harmonização, menos praticada do que as frequentes degustações. Nesse contexto, a mesa foi composta por especialistas notórios que contribuíram muito para a avaliação, dessa vez constituída por 17 vinhos diferentes.

O prato escolhido para a ocasião é tipicamente paulista e, segundo Lopes (2014), deve sua origem aos bandeirantes que, durante as suas expedições, carregavam, junto às lanças, os recipientes repletos de feijão cozido, farinha de milho, carne-seca e toucinho. Com as andanças, esses ingredientes acabavam revirados, razão pela qual o nome do prato é "virado à paulista", habitualmente servido às segundas-feiras nos restaurantes de São Paulo. Além do feijão, é também composto por arroz, bisteca, linguiça defumada, banana empanada e frita e ovo estrelado.

Durante a preparação, o feijão é engrossado com farinha de mandioca para adquirir uma consistência próxima à do pirão. Assim, como o prato foi difundido pelos bandeirantes posteriormente em Minas Gerais, considera-se que ele é o ancestral do tutu à mineira, preparado nesse aspecto de forma semelhante já que também parece um pirão e, diferentemente do paulista, que é feito com o grão inteiro, leva o feijão moído (Lopes, 2014).

O encontro realizou-se no restaurante Bravin, propriedade da *sommelière* Daniela Bravin e, apesar de não ser um prato usual no cardápio, ela o preparou para o nosso encontro com total fidelidade à receita tradicional: um prato substancioso, com elementos encorpados, muito proteico e cheio de informações – um desafio para a harmonização, já que inclui partes adocicadas, pastosas, vegetais, certo amargor e farta proteína animal (ovo, carne de porco e linguiça defumada).

Dentre os aspectos levados em conta para a escolha do perfil de vinho a ser compatibilizado, vinhos com presença de tanicidade foram apontados por alguns como alternativa para domar a gordura do prato, mas foi evitado por outros que cuidavam para não amargá-lo em contato com a couve, a banana e o ovo; acidez e fruta em certa medida foram também indicados para ajustar a gordura, conferir frescor à experiência gastronômica e afinar com o leve dulçor do feijão e da banana; e, afinal, taninos mais domados, aveludados e ricos em untuosidade foram palpites para conferir textura ao vinho, condizentes com a consistência do prato.

Para a experiência, foram indicados três vinhos brancos, um vinho laranja, um vinho *rosé* e outros doze tintos, sendo que dentre os brancos predominaram vinhos de mais estrutura, de castas mais encorpadas, com boa aptidão para mesa, passagem em madeira e alguma evolução. O único vinho *rosé* degustado não apresentou muita afinidade em textura e sabor com o prato, talvez por ter um perfil mais frutado e festivo que se perdeu na combinação com a comida, o que não significa afirmar que há uma inviabilidade da categoria toda em companhia do virado à paulista.

O vinho laranja Ribolla Gialla Anfora 2004 Gravner, de origem italiana, foi a grande surpresa desse encontro:

uma raridade no Brasil e ainda novidade no mercado mundial, faz parte de uma produção em ascendência, que se caracteriza pela vinificação de vinhos brancos em contato com as cascas das uvas, prática comum aos vinhos de variedades tintas, mas novidade entre as brancas, embora haja registros em um histórico bem remoto da vinicultura.[8] A produção remonta especialmente aos vinhos brancos de maceração pelicular longa em ânforas da Geórgia, e tem sido recuperada especialmente por produtores do Friuli italiano, fronteira com Eslovênia (Pailhes, 2013), como esse degustado. Além da bela coloração laranja, o vinho tem sabores mais intensos e estrutura mais corpulenta do que a média dos brancos, além de portar toques oxidativos e texturas que o tornaram bastante apropriado à proposta de harmonização, mesmo que não tenha se posicionado entre os três primeiros na avaliação.

Os vinhos considerados melhores para acompanhar o prato são tintos e apresentam fruta e acidez, aspectos que se sobressaíram mais do que o álcool e o tanino. A estrutura global desses vinhos é de médio corpo, assim também foi possível constatar que os brancos mais estruturados também funcionaram razoavelmente bem, do mesmo modo que os que contavam com uma evolução, com taninos suavizados e toques oxidativos. Na experiência, foram abominados os vinhos mais invasivos, com taninos ainda agressivos ou com frutas muito ostensivas em aroma e paladar.

---

[8] "Qu'est-ce que le vin orange?" Em *La Revue du Vin de France* (on-line). Disponível em: http://www.larvf.com/,vins-orange-vinification-raisin-blanc-peau-rafles-tanins,4363533.asp. Acesso em 6-2-2015.

[VIRADO À PAULISTA]
VINHOS ESCOLHIDOS E COMENTÁRIOS

- 1º COLOCADO: CONTINO RESERVA 1987, RIOJA, ESPANHA

  Vinho tinto da Rioja, já evoluído, com taninos domados, elegância, frescor, persistência e complexidade organoléptica. Boa harmonização, com equivalência de sabores e texturas. A acidez elevada e os taninos resolvidos ajudaram na harmonização e os aromas evoluídos valorizaram os perfumes do prato. O vinho acolheu a comida.

- 2º COLOCADO: ESTRELAS DO BRASIL NATURE TINTO MERLOT, SERRA GAÚCHA, BRASIL

  Espumante tinto nacional da uva Merlot, ainda jovem. Oferece uma mistura de acidez, frescor, frutas e rusticidade que o tornaram uma boa alternativa para sustentar a textura da bisteca, enxugar a gordura da linguiça e fazer frente ao corpo do prato. A comida acentuou os aromas do vinho, tornando-o melhor, mesmo que tenha produzido certo amargor quando em contato com o ovo e o feijão.

- 3º COLOCADO: GABA DO XIL TELMO MENCIA 2010, VALDEORRAS, ESPANHA

  Vinho tinto espanhol com boa acidez, toques de fruta fresca e média estrutura. O equilíbrio e a elegância favoreceram a harmonia com o conjunto do prato: corpo e álcool ficaram na medida e a acidez evoluiu junto da comida.

GALINHADA

A sexta e última harmonização realizou-se no Rio de Janeiro e mais uma vez o encontro contou com a participação de degustadores profissionais e, ainda, com acadêmicos que estudam os fenômenos do mercado agroalimentar e do consumo.

Para essa edição, o prato escolhido foi a galinhada, o delicioso risoto "à brasileira" feito com arroz e galinha caipira. Essa iguaria é consumida especialmente nos estados de Goiás e Minas Gerais, mas também em outras partes do território brasileiro, razão pela qual há diferentes versões do prato que podem incluir ingredientes regionais como linguiças, legumes ou pequi.

O local escolhido para a harmonização é o restaurante Aprazível, em que a galinhada é mesmo a especialidade da casa, um endereço que prestigia enormemente a gastronomia brasileira e é referência para muitos visitantes da cidade que buscam um contato com vários aspectos da cultura brasileira. A versão da galinhada desse restaurante leva também pedaços de linguiça, temperos aromáticos e picantes, banana-da-terra, couve e um delicioso feijão, menos considerado para a harmonização, uma vez que não se trata de um acompanhamento clássico da galinhada e já havia integrado muitos pratos do projeto "O vinho em nossa mesa".

Foram degustados e harmonizados com o prato quinze opções de vinho diferentes, selecionados pelos participantes a partir dos seguintes critérios: boa acidez, necessária para quebrar a gordura das carnes; boa aromaticidade, para acompanhar seus condimentos; médio corpo; e provenientes de variedades que conjugam potência e maciez, para seguir a linha mais consistente e ao mesmo tempo adocicada da carne da galinha caipira. Dentro desse perfil, acomodaram-se três brancos (um chileno, um espanhol e um francês) e três rosados (um italiano, um brasileiro e um francês) em escala ascendente de corpo e nove vinhos tintos de distintas origens e variedades.

De modo geral, podemos dizer que os vinhos que apresentavam muita delicadeza e frescor não se sustentaram perante a estrutura e as notas adocicadas do prato, e isso foi suficiente para tornar os brancos menos aptos. Por outro lado, a presença de fruta e de especiarias favoreceu a conexão com a linha aromática da galinhada, principalmente se o corpo do vinho não ficava aquém ou além de sua estrutura; do mesmo modo, um *rosé* mais carnudo ou tintos mais sedosos acompanharam bem o corpo e a textura do prato quando o álcool não prejudicou a sua percepção. A madeira evidente dificultou a apreciação da galinhada, assim como os taninos muito evidentes em alguns vinhos que produziram amargor em contato com a couve e com a banana-da-terra. Afinal, vinhos evoluídos, com aromas terciários e taninos arredondados pelo tempo puderam combinar e ainda construir algo diferenciado, como mostra a síntese da apreciação coletiva dos três vinhos mais votados.

[GALINHADA]
VINHOS ESCOLHIDOS E COMENTÁRIOS

* 1º COLOCADO: VELHO DO MUSEU CABERNET MERLOT 1988, CAXIAS DO SUL, BRASIL

Uma relíquia da vinicultura brasileira em idade e simbolismo na história do vinho nacional, esse vinho é produzido pela família Juan Carrau, que tem tradição na vinicultura uruguaia. Em 1968 eles se estabeleceram em uma região ao redor de Caxias do Sul com a intenção de produzir vinhos finos, nos moldes da tradição europeia. O primeiro corte de Cabernet Franc e Merlot que deu origem ao célebre Velho do Museu ocorreu em 1971. As degustações de suas safras mais antigas não cansam de surpreender enófilos pela elegância e longevidade dos vinhos.

Em nosso encontro não foi diferente, assim, o vinho chamou a atenção dos degustadores também pela harmonização. O Velho do Museu 1988 tinha cor rubi clara, bem marcada pela evolução, com olfato de frutas frescas, mesclado a aromas terciários de especiarias, alcatrão, notas terrosas e paladar evoluído, com complexidade e persistência. A evolução e a boa acidez favoreceram a sinergia entre vinho e comida, que permaneceu nítida e realçou a qualidade do vinho.

- 2º COLOCADO: BELLERUCHE M. CHAPOUTIER 2011, CÔTES-DU-RHÔNE, FRANÇA

    Rubi translúcido, frutado, com aromas de especiarias, caça e tostas da barrica. Vinho que tem volúpia, fruta e taninos arredondados suficientes para acolher a galinhada sem encobri-la, embora o teor alcoólico alto às vezes se sobressaia. O corte de Syrah e Grenache deixam suas marcas dessa reunião de frutas, especiarias, textura carnuda e potência alcoólica, que dialogam bem com o prato. Enquanto a união anterior era mais justa e refrescante, esta harmonização teve uma orientação mais "calorosa".

- 3º COLOCADO: VOLUBILIS SAUVIGNON BLANC 2008, TOURAINE, FRANÇA

    O terceiro vinho escolhido surpreende pelo fato de ser branco e provir de uma casta normalmente mais fresca e delicada, usualmente indicada para acompanhar peixes. Trata-se de um Sauvignon Blanc, biodinâmico, do Vale do Loire, *terroir* abençoado para essa cepa. Tem cor amarelo-ouro, bom corpo, perfil aromático intenso e mais adocicado com notas de mel, casca de maçã e canela. Apesar de classificado como *vin de table*, é um vinho diferenciado, que combina acidez com dulçor e untuosidade, o que o ajudou a confrontar e acompanhar partes gordas e toques adocicados da galinhada.

Nove "ensinamentos": algumas notas sobre a experiência de harmonização entre vinhos e pratos brasileiros

Seis encontros de harmonização ou seis pratos típicos da culinária brasileira são insuficientes para representar a diversidade da comida regional que há no país, mas já nos ajudam a sinalizar alguns aspectos do processo de harmonização e suas particularidades. Como já mencionado, a intenção do projeto não foi a de defender ou propor uma metodologia nova de degustação, razão pela qual certamente há ajustes que podem ser feitos com relação à proposta de harmonização, e a própria experimentação poderá servir de base às adaptações, buscando alcançar maior eficácia, como notificado a seguir.

1. A PRIMAZIA DA QUALIDADE DO VINHO

Por mais que se tenha solicitado a todos uma atenção à qualidade organoléptica do encontro entre o vinho e os pratos típicos, o exercício de se desconectar da tendência a avaliar os itens separadamente foi bem difícil. Talvez a dificuldade resida no ato de realizar uma análise sensorial conjunta já que, como aponta Robinson (2010), não ingerimos vinho e comida ao mesmo tempo, o processo se realiza sequencialmente, isto é, o vinho encerra uma garfada e prepara o paladar para a garfada seguinte.

Há também que se considerar que o próprio exercício de análise sensorial do vinho já é algo difícil, que demanda treinamento, talento e é multimodal, pois integra a percepção de sensações objetivas, intersubjetivas e contextuais somadas às várias nuances de um encontro com um prato, o que requer muita concentração e habilidade. Nesse contexto, a espontaneidade de um palpite leigo às vezes é inibida pelo ritual especializado, já que muitas vezes as pessoas deixam-se influenciar pela percepção do *expert*. Por outro lado, nem todos que praticam a degustação técnica conseguem se desconectar do ofício de avaliar a qualidade do vinho ou de dar notas (embora alguns consigam, brilhantemente) e acabam deixando comentários que dizem mais respeito ao vinho do que ao encontro com o prato.

2. MENOS É MAIS!

Para uma identificação mais sistemática do que vai melhor com cada prato, talvez o procedimento mais adequado fosse pré-selecionar vinhos compatíveis para depois, a partir de um recorte menor e mais preciso, iniciar-se um processo de degustação apurada de cada vinho, sem que a quantidade prejudique a qualidade da avaliação.

Esse processo normalmente já é válido para a degustação de vinhos, pois depois de certo número de amostras a capacidade do nosso aparelho sensorial e as nossas respectivas leituras cerebrais acabam prejudicadas para processar cada vinho isoladamente. Considerando que a harmonização inclui os vários elementos de uma iguaria gastronômica justapostos aos efeitos da saciedade alimentar e aos efeitos do álcool no nosso organismo, é claramente perceptível que, a partir do oitavo vinho, essa apreciação ficará mais difícil de ser realizada.

3. A ORDEM DOS FATORES E DOS AUTORES ALTERA, SIM, O PRODUTO

Não há fórmulas matemáticas capazes de enquadrar a complexidade da racionalidade humana, e qualquer tentativa de padronizar combinações e respostas são inexatas. Vários exemplos mostram como a repetição de experimentos de degustação podem ter seus resultados alterados,[9] assim como também podem mostrar que ordem de serviço, temperatura local, horário, enfim, fatores ambientais e metodológicos podem influenciar as percepções. Do mesmo modo, pode haver palpites completamente contrários a respeito de um mesmo vinho, até quando nos referimos a um grupo de pessoas acostumadas a degustar. A eficácia dos resultados tem, portanto, o consenso de um grande número de palpites como fator de segurança.

4. AVALIAÇÕES QUALIFICADAS REQUEREM EXPERIÊNCIA

Se uma avaliação isolada não pode ser absoluta, nota-se, por outro lado, que uma avaliação qualificada, no

---

[9] Sobre consenso e fiabilidade das avaliações sensoriais de vinhos, ver: Robert H. Ashton, "Reliability and Consensus of Experienced Wine Judges: Expertise Within and Between?", em *Journal of Wine Economics,* vol. 7, n. 1, 2012; Robert T. Hodgson, "An Examination of Judge Reliability at a major U.S. Wine Competition", em *Journal of Wine Economics*, vol. 3, issue 2, outono de 2008.

sentido de ter uma riqueza capaz de discriminar sensações ao leitor, requer um degustador muito perspicaz e habituado a discriminar a qualidade de um vinho.

5. A MULTIPLICIDADE DA CULTURA GASTRONÔMICA BRASILEIRA PODE SER UM ELEMENTO QUE DIFICULTA A BUSCA POR UMA HARMONIZAÇÃO IDEAL

O que falamos sobre o brasileiro a respeito do modo de se organizar socialmente é válido também para a gastronomia: misturamos etnias, comportamentos e influências assim como nossa comida mistura elementos de origens distintas, muitos temperos e um modo de comer integrado que difere do modelo francês, por exemplo, de ingerir separadamente as iguarias. Nós comemos tudo junto e isso é um desafio para a harmonização, pois em tese o vinho deve se adequar a elementos que, isoladamente, demandam propriedades diferentes, como indicaram muitas das avaliações feitas durante os encontros.

6. O VINHO TEM A QUEM PUXAR

Muitos dos pratos típicos brasileiros mesclam influências portuguesas, africanas e indígenas e, em termos de vinhos, os lusitanos ficaram bem cotados nas avaliações dos encontros. Como o vinho está bem integrado à cultura portuguesa, e de modo geral à cultura europeia, ele está aliado à mesa, e qualidades de comidas e vinhos muitas vezes crescem juntas. Sendo assim, como muitos dos pratos brasileiros têm semelhanças com iguarias portuguesas, existe uma boa compatibilidade entre os pratos nacionais e os vinhos portugueses.

7. O VINHO GASTRONÔMICO

Como já defendido pela literatura especializada e por muitos *sommeliers*, vinhos frutados e com boa acidez são mais gastronômicos, pois são menos invasivos, tendem a respeitar mais a percepção da qualidade da comida e, no caso da acidez, a ajustar melhor elementos muito ostensivos do prato, como gordura, sabores picantes e excêntricos ou alimentos de consistência muito pastosa, difíceis de diluir. Contrariamente, vinhos com taninos agressivos, álcool e madeira evidentes tendem a mascarar o gosto da comida.

8. A NOBRE OXIDAÇÃO

Alguns dos vinhos que se adequaram bem aos pratos harmonizados tinham um caráter oxidativo, resultante de seus métodos de elaboração, que provocam uma leve oxidação voluntária nos vinhos, sem que ele se degenere. É o que ocorre, por exemplo, com o *vin jaune* (vinho amarelo), produzido na região do Jura, na França. Em termos organolépticos, eles portam aromas diferenciados e bem característicos, como de nozes e especiarias. Segundo depoimentos de enólogos franceses, essas características são decorrentes de um processo de caramelização do açúcar residual, presentes também no perfil olfativo de vinhos de sobremesa à base de uvas botrytisadas.[10]

---

[10] Uvas que, em certas regiões e condições climáticas, são atacadas por fungos que as desidratam e caramelizam, fazendo com que produzam naturalmente um vinho licoroso.

9. ATÉ QUE NEM TÃO ESOTÉRICO ASSIM

Apesar da busca pelo *status*, pelo esnobismo a partir do consumo enófilo do vinho, muitos dos que participaram dos encontros o fizeram porque buscavam a vivência diferenciada que lhes poderia ser ofertada. Há a dimensão da vaidade de ser portador de um saber especializado, de ter o vinho sugerido indicado, mas também há a busca dessa vivência sensorial, de tentar descobrir o que funciona, de ter o desafio de participar de um jogo lúdico que valorize a cultura brasileira. Nesse sentido, o projeto mostrou-se bastante compensador e valorizou o aspecto, de longe, mais saudável do vinho: a sua conexão com a diversidade, a descoberta, a ludicidade, concedendo uma dimensão construtiva ao consumo alcoólico.

O que interessa não é o resultado, mas a experiência que conduz a ele e é esse o espírito que motivou o projeto "O vinho em nossa mesa": levar as pessoas a vivenciar o vinho, a buscar na textura dele a qualidade do encontro com a experiência sensorial e da percepção da memória cultural que se lê nas entrelinhas do produto e de seu consumo. O que se descobre por meio do produto (comida ou vinho) em termos de origens, preferências estéticas e culturais de quem o elabora e o consome, e as pessoas que o consomem e dividem conosco a experiência de consumir, é uma importante forma de tecer uma relação com o consumo que passa mais pelo ser do que pelo ter. É valorizar mais a experiência do que a posse. É se deixar ser tocado, transformado pelo mergulho da descoberta em vez de buscar reafirmar padrões, alienando o próprio gosto, respeitando as regras e as informações que orientam o consumidor e que também podem ser vistas neste livro.

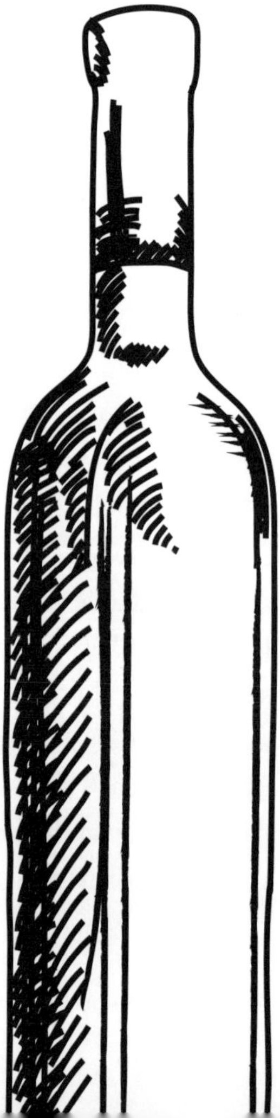

Considerações finais

Em um trecho do documentário *Mondovino*, de Jonathan Nossiter, o produtor de vinhos Aimé Guibert, proprietário da Mas de Daumas Gassac, situada na região do Languedoc, na França, declarou, enfaticamente: *"Le vin est mort!"* ("O vinho morreu!"). O patriarca languedociano, cuja família produz um vinho de destacada qualidade – considerado por muitos como um *Cru* do Languedoc –, começava um depoimento no qual denunciava a industrialização da bebida e a morte dos autênticos produtos de *terroir*: produtos vivos, resultantes das características de cada solo e microclima, com métodos de produção herdados culturalmente. Para ele – e para muitos – não se deveria intervir na determinação da qualidade do vinho em busca de atender a objetivos pragmáticos, mas sim conduzir esse ritual de materialização da natureza da qual o vinho se deriva.

O vinho está longe de ser um produto primário, pois demanda elaborações complexas e ajustes às manifestações variantes da natureza. Trata-se, portanto, de um bem secundário, materializado por meio de práticas e técnicas humanas que derivam de saberes e evoluem ao longo do aperfeiçoamento técnico de várias gerações. Por isso, é um produto cultural que, como fruto de uma cultura, passa por preferências gustativas das gerações que o consagraram.

Nesse sentido, não se pode afirmar que o vinho de *terroir* seja determinado somente pela natureza, pois ele se ajusta também a determinações de outras "naturezas", já que um dos seus principais atributos é advogar em prol da preservação da perspectiva natural e cultural, e das práticas pelas quais afirma uma identidade e constitui uma memória social. Essa dimensão antropológica do bem e das práticas da sua produção e do seu consumo é um dos aspectos que eterniza sociedades, haja vista a condição existencial efêmera do homem.

Assim, o vinho nos conta a longa trajetória da humanidade encarnando símbolos, necessidades, desejos e práticas, e por meio dessa vitalidade simbólica se distingue de todas as artificialidades que tentaram e tentam adulterar a sua qualidade, desencarná-lo dos seus enlaces culturais, torná-lo igual para todos. Esse aspecto, contudo, não tem, necessariamente, relação direta com o fato de o vinho ser 100% natural ou avaliado com nota 100. Tem a ver com a concepção de que o vinho que rega as festividades locais e dá prazer àqueles que dele desfrutam é portador de qualidades que nem todos podem perceber; afinal, só assimilamos uma determinada qualidade na medida em que ela é significativa para a nossa experiência. O gosto cultural nem sempre coincide com o que é considerado bom gosto, mas ele traz uma dimensão identitária significativa, que deve ser respeitada.

O depoimento de Guibert menciona um sentido importante na relação de produção e consumo do vinho quando contraria a globalização da bebida: fala do desrespeito aos produtos que encarnam uma identidade cultural quando esses são descaracterizados em benefício de empreendimentos que visam, sobretudo, ao lucro e que, por meio da excessiva intervenção mecânica, os tornam similares às manufaturas homogêneas da produção em série. Do seu ponto de vista, a padronização da qualidade dos vinhos extrai da bebida a maravilhosa propriedade de ser diverso e de evoluir com personalidade, mas é importante que a apologia a um modelo não desqualifique o outro e, especialmente, não parta do princípio de que o que é bom para um o deva ser para o outro.

É fato que muitos vinhos atuais podem ser chamados de "tecnológicos", assim como é fato que o processo artesanal se afastou de muitas cantinas. Do mesmo modo que em outras áreas de produção, os processos se mecanizam enormemente, ajustam-se às grandes escalas de produção e, nesse ensejo, perdem certos rituais do "fazer" cultural tradicional. Esse processo é uma lástima! No entanto, muitas tecnologias são benéficas e nem todos os procedimentos estão subordinados integralmente à filosofia do quantitativo industrial. Também é errôneo pensar que ser rústico e tradicional significa sempre ser bom. Outrossim, muitos procedimentos se modificam motivados pela melhoria e, quando carregam consigo perdas, é porque o equilíbrio entre o tradicional e o tecnológico é errático, já que nem sempre alcançamos essa fórmula positiva e que, quando a alcançamos, às vezes nos escapa.

Após esse percurso pelo universo da qualidade do vinho, somente é possível reafirmarmos a complexidade do tema e ir em defesa de uma visão menos reducionista de suas dimensões qualitativas. Reduzir qualidades a notas pode ser uma prática bastante funcional para o mercado, mas há que se saber que se trata de uma leitura parcial e aproximada de um recorte da realidade dos vinhos. Uma das constatações mais evidentes que se dá pela convivência com o mercado é o fato de que as nossas próprias percepções estão sujeitas a alterações; assim, se eu mesma posso mudar, quem dirá o outro? A qualidade está longe de reduzir-se a 750 mℓ de vinho e especialmente à qualidade da experiência.

A produção de vinhos já atravessou momentos difíceis de toda ordem e sempre houve vinhos considerados bons e ruins, avaliados por critérios diferentes. Nesse momento, novos desafios se anunciam com os desarranjos climáticos mundiais, que podem favorecer ou desfavorecer algumas regiões vitivinícolas. As sucessivas crises econômicas mundiais também conformam muitas orientações produtivas, já que não é fácil resistir às pressões conjunturais quando se trabalha com um produto delicado e caro. Se ontem tivemos vinho tecnológico contrariando os princípios do *terroir*, agora é o vinho biodinâmico que percorre o caminho inverso à sua maneira. Se pensávamos não ser possível o bom vinho brasileiro, hoje sabemos que isso não é verdade. A vida se reinventa com os recursos e as limitações de cada geração.

Pelo que constatamos em sua trajetória, o vinho não morre nem perde a sua aura porque de algum modo ele se faz objeto de uma projeção de desejos e necessidades humanas de simbolizar a vida. Assim, seja pelo desejo de produzi-lo, de estar à mesa com a família selando essa comunhão, de ter um momento especial com quem se ama, de ter uma apreciação estética diferenciada, de experimentar e descobrir produtos de várias regiões, de "filosofar" inspirado pela embriaguez, de cuidar da saúde por meio da prazerosa companhia de uma taça ao lado da comida, de estar mais perto de Deus ou da natureza ou, afinal, de celebrar a vida com uma bebida especial, todos fazemos tim-tim!

Bibliografia

AGUIAR, M. "Mutations de la qualité dans la construction de l'image d'un produit différencié". Em *Les territoires du vin*. Collection Les tables des hommes. Rennes: Presses de l'Université de Rennes, 2014.

_____. "Nem americano nem europeu, integralmente brasileiro: as muitas razões de ser das vinhas". Em *Os vinhos que a gente bebe*, blogue, 6-11-2013. Disponível em: http://dzai.com.br/28quw64/blog/osvinhosqueagentebebe?tv_pos_tags=sobrevinhos. Acesso em 3-2-2015.

_____. *O vinho na era da técnica e da informação: um estudo sobre Brasil e Argentina*. Belo Horizonte: Autêntica, 2008.

_____. "Preço x qualidade: a complexa equação de um bem diferenciado". Em NIERDELE, P. (org.). *Indicações geográficas: qualidade e origem nos mercados alimentares*. Série Estudos Rurais. Porto Alegre: Editora da UFRGS, 2013.

_____. "Changement de paradigme dans la communication sur le vin et ses impacts sur le marché mondial". Comunicação apresentada no 35º World Congress of Vine and Wine OIV, Izmir, 2012.

ALBERT, A. Z. *O admirável novo mundo do vinho e as regiões emergentes*. 4ª ed. São Paulo: Editora Senac São Paulo, 2012.

ALLAIRE, G. "L'économie de la qualité, ses secteurs, ses territoires et ses mythes". Em *Géographie, Économie, Société*, 4 (2), Toulouse, INRA (Economie Sociologie Rurales), agosto de 2002.

_____ *et al.* "Les dispositifs français et européens de protection de la qualité et de l'origine dans le contexte de l'OMC: justifications générales et contexts nationaux. Comunicação apresentada em Symposium International à Lyon – Programme transversal de l'Inra "Pour et Sur le Développment Regional". PSDR, Lyon, 2005.

ALLHOFF, F. (org.). *Vinho & filosofia: um simpósio sobre pensar e beber*. Trad. Marina Herrmann. Rio de Janeiro: Tinta Negra, 2013.

AMARANTE, J. O. A. do. *Vinhos e vinícolas do Brasil: guia completo*. São Paulo: Summus Editorial, 1986.

APPADURAI, A. (org.). *A vida social das coisas: as mercadorias sob uma perspectiva cultural*. Niterói: EdUFF, 2008.

AROMAS, CORES E SABORES DO BRASIL. Publicação do Ministério da Cultura, fevereiro de 2014. Disponível em: http://www.copa2014.gov.br/sites/default/files/livreto_web17062013.pdf. Acesso em 21-2-2015.

ARRUDA, Guilherme. "Campanha, RS, novo eldorado do vinho brasileiro"; "Campos de Cima da Serra, expressão de um *terroir*"; "Serra do Sudeste, de olho no futuro". Em COPELLO, M. *Vinhos do Brasil*. Rio de Janeiro: Baco Multimídia, 2013.

ASHTON, R. H. "Reliability and Consensus of Experienced Wine Judges: Expertise within and between?". Em *Journal of Wine Economics*, 7(1), Nova York, 2012.

BALHES, S. "Desafios do crescimento de vinhos no ambiente econômico brasileiro". Comunicação apresentada em Seminários Wine & Food Festival 2014, Rio de Janeiro, setembro de 2014.

BARBOSA, L. *Sociedade de consumo*. Coleção Ciências Sociais Passo a Passo. Rio de Janeiro: Jorge Zahar, 2004.

_____ & CAMPBELL, C. "O estudo do consumo nas ciências sociais contemporâneas". Em *Cultura, consumo e identidade*. Rio de Janeiro: FGV, 2006.

_____; PORTILHO, F. & VELOSO, L (orgs.). *Consumo, cosmologias e sociabilidades*. Rio de Janeiro/Seropédica: Mauad X/EDUR, 2009.

BAROMETRE SOWINE S.S.I. "Les influences des nouvelles technologies sur le comportement des consommateurs de vin en France". Paris, 2012.

BARREY, S. & VALDESCHINI, E. "Les problématiques de la qualité dans l'agroalimentaire: bilan et perspectives". Em

Jounées d'études Du GDR-CNRS "Economie et Sociologie", Montpellier, INRA, 2006.

BARTHES, R. *Mitologias*. Trad. Rita Buongermino e Pedro de Souza. 10ª ed. Rio de Janeiro: Bertrand Brasil, 1999.

BAUDELAIRE, C. *As flores do mal*. Trad. Jamil Almansur Haddad. São Paulo: Círculo do Livro, 1995.

_____. *Paraísos artificiais*. Porto Alegre: LPM, 1982.

BAUDRILLARD, J. *O sistema dos objetos*. Trad. Zulmira Ribeiro Tavares. 2ª ed. São Paulo: Perspectiva, 1989.

BAUMAN, Z. *Modernidade e ambivalência*. Trad. Marcus Penchel. Rio de Janeiro: Jorge Zahar, 1999.

_____. *Modernidade líquida*. Trad. Plínio Dentzien. Rio de Janeiro: Jorge Zahar, 2001.

BENJAMIN, W. "A obra de arte na era de sua reprodutibilidade técnica". Em *Obras escolhidas. Magia e técnica, arte e política: ensaios sobre literatura*. São Paulo: Brasiliense, 1986.

BORGES, E. P. *Harmonização do vinho com a comida*. São Paulo: Mauad, 2007.

BORGES, L. *El otro, el mismo*. Buenos Aires: Emecé, 1969.

BOUNEAU, C. & FIGEAC, M. *Le verre et le vin de la cave à la table du XVIIe siècle à nos jours*. Pessac: MSHA, 2007.

BOURDIEU, P. *A distinção: crítica social do julgamento*. Porto Alegre: Zouk, 2007.

_____. *Questões de sociologia. Alta costura e alta cultura*. Trad. Jeni Vaitsman. Rio de Janeiro: Marco Zero, 1983.

BOTTLE SCHOCK. Direção: Randall Miller. EUA, 2008.

BRUCH, K. L. & FRADERA, V. M. J "Geographical Indication: a Comparative Approach between the Old and the New Wine World". Comunicação apresentada em OIV Congress, Porto, 2011.

CABELLO, F. "Situación del patrimonio varietal de la especie *Vitis vinifera L*". Em *ACE Revista de Enologia*, 26-7-2014. Disponível em: http://www.acenologia.com/ciencia67_02.htm. Acesso em 19-1-2015.

CADOT, Y. *et al*. "Vins et terroirs: du concept à la réalisation; ou la nécessaire appropriation individuelle d'un patrimoine collectif". Em *Les Territoires du Vin*, Rennes, Presses de l'Université de Rennes, 2014.

CALLEC, C. *Wine Encyclopaedia*. Lisse: Rebo International, 2000.

CAMARGO, U. A. & PROTAS, J. F. S. *Vitivinicultura brasileira: panorama setorial de 2010*. Brasília/Bento Gonçalves: Sebrae/Ibravin: Embrapa Uva e Vinho, 2011.

CAMPBELL, C. "Eu compro, logo existo: as bases metafísicas do consumo moderno". Em *Cultura, consumo e identidade*. Rio de Janeiro: FGV, 2006.

CANCLINI, N. G. *Consumidores e cidadãos: conflitos multiculturais da globalização*. Trad. Maurício Santana Dias e Javier Rapp. Rio de Janeiro: Editora UFRJ, 1995.

_____. *Culturas híbridas: estratégias para entrar e sair da modernidade*. Trad. Heloísa Peza Cintrão e Ana Regina Lessa. São Paulo: Edusp, 1997.

CASTARÈDE, J. *O luxo: o segredo dos produtos mais desejados do mundo*. Trad. Mário Vilela. São Paulo: Barcarolla, 2005.

CAZUZA. "O tempo não para". Em *O tempo não para – Cazuza ao vivo*. S/l.: PolyGram Universal, 1988.

CERTEAU, M. de. *A invenção do cotidiano*. Vol. 1. Coleção Artes de Fazer. Trad. Ephraim Ferreira Alves. 13ª ed. Petrópolis: Vozes, 2007.

_____; GIARD, L. & MAYOL, P. *A invenção do cotidiano*, vol. 2. Trad. Ephraim F. Alves e Lúcia Endlich Orth. 6ª ed. Petrópolis: Vozes, 2005.

CHASSIN, M. *Guide pratique de la dégustation: l'examen sensoriel du raisin à la vente*. Paris: Dunod, 2011.

CLEMENTE, E. & HUNGARETTI, M. *História de Garibaldi: 1870-1993*. Porto Alegre: EDIPUCRS, 1993.

COHEN, M. & MURPHY, J. (orgs.). *Exploring Sustainable Consumption: Environmental Policy and the Social Sciences*. Oxford: Elsevier Science, 2001.

COPELLO, M. "Os gigantes da indústria nacional"; "O mercado de vinhos no Brasil". Em COPELLO, M. (org.). *Vinhos do Brasil*. Rio de Janeiro: Baco Multimídia, 2013.

CORNELLI, G. & MIRANDA, D. S. (orgs.). *Cultura e alimentação: saberes alimentares e sabores culturais*. São Paulo: Sesc, 2007.

COSTA, E. "As novas fronteiras do vinho brasileiro". Em *Vinhos do Brasil*. Rio de Janeiro: Baco Multimídia, 2013.

DAL PIZZOL, R. "A história da uva e do vinho no Rio Grande do Sul". Em *Revista do Vinho*, n. 1, jan.-fev. de 1988; n. 2, mar.-abr. de 1988; n. 3, mai.-jun. de 1988; n. 6, nov.-dez. de 1988; n. 7, jan.-fev. de 1989; n. 8, mar.-abr. de 1989; n. 9, mai.-jun. de 1989; n. 10, jul.-ago. de 1989; n. 11, set.-out. de 1989; n. 12, nov.-dez. de 1989; n. 13, jan.-fev. de 1990; n. 14, mar.-abr. de 1990; n. 15, mai.-jun. de 1990.

DOUGLAS, Mary. "In Defense of Shopping". Em FALK, P. & CAMPBELL, C. *The Shopping Experience*. London: Sage, 1997.

_____ & Isherwood, B. *O mundo dos bens: para uma antropologia do consumo*. Rio de Janeiro: UFRJ, 2004.

DUBUISSON-QUELLIER, S. "La consommation comme pratique sociale". Em: STEINER, P. & VATIN, F. *Traité de sociologie économique*. Quadrige: Puf, 2009.

FALCADE, I.; MEDEIROS, R. M. V. & PÉRARD, J. "Le paysage viticole et l'identité des régions avec indications géographiques". Comunicação apresentada em IX Congrès International des Terroirs Vitivinicoles, Dijon e Reims, 2011.

FANET, J. "Définition du terroir". Em *Documents Viticulture – XXXth Congress of Vine and Wine*, Budapeste, 2007. Disponível em: http://oiv2007.hu/documents/viticulture/327_d_finition_du_terroir_oiv_budapest.pdf. Acesso em 21-2-2015.

FEATHERSTONE, M. *Cultura de consumo e pós-modernismo*. Trad. Júlio Assis Simões. São Paulo: Studio Nobel, 1995.

FEDERATION DES EXPORTATEURS de vins et spiritueux de France. "Les vins et spiritueux français continuent sur leur bonne lancée à l'export". Paris, 2012.

FLANDRIN, J. & MONTANARI, M. *História da alimentação*. São Paulo: Estação Liberdade, 1998.

FOSTER, D. *Revolución en el mundo dos vinos*. Buenos Aires: Ennio Avosa Impresores, 1995.

FRIEDMAN, J. *Consumption and Identity*. London: Harwood Academic Press, 1994.

GARCIA-PARPET, M. "Mundialização dos mercados e padrões de qualidade: vinho, o modelo francês em questão". Trad. Paulo Neves. Em *Tempo Social: Revista de Sociologia da USP*, 16 (2), São Paulo, novembro de 2004.

_____. "Le terroir, le cépage et la marque: stratégies de valorisation des vins dans un contexte de mondialisation". Em *Cahiers d'Economie et Sociologie Rivales*, v. 60-61, Paris, 2001.

GASNIER, V. *O livro do vinho: tudo que você precisa saber para escolher e apreciar vinhos tintos, brancos e espumantes*. São Paulo: Publifolha, 2008.

GIARD, L. et al. *A invenção do cotidiano 2: morar, cozinhar*. Trad. Ephraim F. Alves e Lucia Endlich Orth. Petrópolis: Vozes, 1996.

GIRAUD, G. "The Role of Typicality Judgement in Consumer Choice Process with Respect to Food: A Theoretical Framework". Comunicação apresentada em International Food & Agribusiness Management Association World Food & Agribusiness Symposium, Chicago, junho de 2005.

_____. "Perception des produits carnes labellises par les consommateurs". Em *Options Méditerranées Série A*, nº 76, Clermont-Ferrand, 2005.

GOMES, M. & KURY, G. "A evolução do marketing para o marketing 3.0: o marketing de causa". Comunicação apresentada em Intercom – Sociedade Brasileira de Estudos Interdisciplinares da Comunicação, Universidade de Fortaleza, 2013.

GOODIE, J. "A experiência do vinho: por que os críticos metem os pés pelas mãos (algumas vezes)?". Em ALLHOFF, Fritz (org.). *Vinho & filosofia: um simpósio sobre pensar e beber*. Trad. Marina Herrmann. Rio de Janeiro: Tinta Negra, 2013.

HODGSON, R. T. "An Examination of Judge Reliability at a major U.S. Wine Competition". Em *Journal of Wine Economics*, 3 (2), Nova York, outono de 2008.

IBRAVIN. *Estudo do mercado brasileiro de vinhos tranquilos e vinhos espumantes: qualitativo demanda*. Bento Gonçalves, 2009.

JOHNSON, Hugh. *A história do vinho*. Trad. Hildegard Feist. São Paulo: Companhia das Letras, 1999.

JUAREZ, C. *France, ton vin est dans le rouge*. Paris: François Bourin Editeur, 2011.

JUNIOR, S. *Gamificação: introdução e conceitos*. E-book. Disponível em: http://gamificando.com.br/wp-content/uploads/2014/11/EBOOK_GAMIFICATION.pdf. Acesso em 21-2-2015.

KANT, I. *Crítica da razão pura*. Trad. Alex Marins. São Paulo: Martin Claret, 2004.

KARPIK, L. "Élements de l'économie des singularités". Em STEINER, P. & VATIN, F. *Traité de sociologie économique*. Quadrige: Puf, 2006.

_____. *L'économie des singularités*. Paris: Gallimard, 2007.

KERÉNYI, C. *Dioniso*. Trad. Ordep Trindade Serra. São Paulo: Odysseus, 2002.

KHAYYAM, O. *Rubaiyat*. Trad. Eugenio Amado. Rio de Janeiro: Garnier, 1999.

KOTLER, P. *Marketing 3.0: as forças que estão definindo o novo marketing centrado no ser humano*. 7ª ed. Rio de Janeiro: Campus, 2010.

LAROUSSE DO VINHO. Consultoria Charlotte Marc e Ricardo Castilho. São Paulo: Larousse do Brasil, 2004.

LE VIN DANS LE MONDE à l'horizon 2050: les enjeux de marché du 21. Em Prospectives CCEF (Comité National des Conseilleurs du Commerce Extérieur de la France), outubro de 2009.

L'INFLUENCE DES NOUVELLES TECHNOLOGIES sur le comportement des consommateurs de vin en france. Em *Barometre Sowine/SSI 2012*. Disponível em: http://www.winebusinessnews.fr/wp-content/uploads/2013/01/Barometre_SOWINE-SSI_2012.pdf.

LIPOVETSKY, G. *Tempos hipermodernos*. São Paulo: Barcarolla, 2004.

LONA, A. *Vinhos; degustação, elaboração e serviço*. 8ª ed. Porto Alegre: Age, 2003.

LOPES, D. "A história do virado à paulista". Em *O Estado de S. Paulo*, Caderno Paladar, on-line, 24-3-2014. Disponível em:

http://blogs.estadao.com.br/paladar/vira-vira-virou-virado/. Acesso em 21-2-2015.

LOSSO, F. B. & CORDEIRO, W. C. *O perfil e a formação para o profissional do sommelier no Brasil: um estudo preliminar.* Em *Turismo & Sociedade*, janeiro de 2013, Curitiba, 6 (1).

MCCARTHY, E.; EWING-MULLIGAN, M. & BEAUMARD, E. *Le vin pour les nuls.* 5ª ed. Paris: First-Grund, 2011.

MELO, L. M. R. "Atuação do Brasil no mercado vitivinícola mundial: Panorama 2012". Em *Comunicado técnico Embrapa 137*, Bento Gonçalves, 2013.

_____. "Atuação do Brasil no mercado vitivinícola mundial: Panorama 2012". Em: *Comunicado técnico Embrapa 138*, Bento Gonçalves, 2013.

MÉNARD, R. *Mitologia greco-romana.* Trad. Aldo Della Nina. São Paulo: Opus, 1991.

MIELE, A. & MIOLO, A. *O sabor do vinho.* Coleção Escola do Vinho Miolo. Bento Gonçalves: Miolo/Embrapa, 2003.

MIGUEL, P. A. C. *Qualidade: enfoques e ferramentas.* São Paulo: Artliber, 2001.

MONDOVINO. Direção: Jonathan Nossiter. Diaphana Films, 2004.

MORGAN, K.; MARSDEN, T. & MURDOCH, J. *Worlds of Food: Place, Power and Provenance in the Food Chain.* Nova York: Oxford University Press, 2006.

MOURET, Jean-Noel. *Le goût du vin.* Paris: Mercure de France, 2012.

MUNIESA, F. & TEIL, G. Em "Donner un prix: observations à partir d'un dispositif d'économie expérimentale." *Working Papers Series*, nº 002, Paris: Centre de Sociologie de l'Innovation (CSI), École des Mines de Paris, 2005.

NIERDELE, P. *Compromissos para a qualidade: projetos de indicação geográfica para vinhos no Brasil e na França.* Tese de doutorado. Rio de Janeiro: CPDA, UFRRJ, 2011.

_____. "Controvérsias sobre a noção de Indicações Geográficas enquanto instrumento de desenvolvimento territorial: a experiência do Vale dos Vinhedos em questão". Comunicação apresentada em 47º Congresso da Sober: Sociedade

Brasileira de Economia, Administração e Sociologia Rural, Porto Alegre, 26 a 30 de julho de 2009.

_____ & AGUIAR, M. "Indicações geográficas, tipicidade e produtos localizados: os novos compromissos valorativos na vitivinicultura do Vale dos Vinhedos". Em *Revista de Economia Agrícola: produtos locais e qualidade*, 59 (2), São Paulo, novembro de 2013.

_____ & VITROLLES, D. "Indicações geográficas e qualificação no setor vitivinícola brasileiro". Em *Estudos Sociedade e Agricultura,*18 (1), Rio de Janeiro, 2010.

NOSSITER, J. "Que Deus abençoe o (verdadeiro) vinho brasileiro (e castigue os blasfemos)". Em *O Globo*, seção Ela Gourmet, Rio de Janeiro, 1-10-2011.

NOVAKOSKI, D. & FREIRE, R. *Enogastronomia: a arte de harmonizar cardápios e vinhos*. Rio de Janeiro: Senac Nacional, 2005.

OIV. *Statistical Report on World Vitiviniculture*. Paris: OIV, 2011. Disponível em: http://www.oiv.int/oiv/info/frstatistiques-secteurvitivinicole. Acesso em 13-5-2015.

_____. *Statistiques vitivinicoles mondiales*. Paris: OIV, 2007. Disponível em: http://www.oiv.int/oiv/info/frstatistiques-secteurvitivinicole. Acesso em 13-5-2015.

ORENSTEIN, J. "Acordo retira pedido de salvaguarda ao vinho". Em *O Estado de S. Paulo,* Caderno Paladar, São Paulo, 19-10-2012.

OSBORNE, L. *O connaisseur acidental: uma viagem irreverente pelo mundo do vinho*. Trad. Adalgisa Campos da Silva. Rio de Janeiro: Intrínseca, 2004.

OVÍDIO. *A arte de amar*. Trad. Dunia Marinho da Silva. Porto Alegre: L&PM, 2001.

PAILHES, L. "Le nouveau monde des vins oranges". Em *La Revue du Vin de France*, março de 2013. Disponível em: http://larvf.com/,vin-orange-le-nouveau-monde-des-vins-oranges,2001117,4267993.asp. Acesso em 21-02-2015.

PAOLA, F. A. "In vino sanitas". Em ALLHOGG, Fritz. *Vinho & filosofia: um simpósio sobre pensar e beber*. Trad. Marina Hermman. Rio de Janeiro: Tinta Negra, 2013.

PEIRCE, C. S. *Semiótica*. Trad. José Teixeira Coelho Neto. 2ª ed. São Paulo: Perspectiva, 1990.

PHILLIPS, R. *Uma breve história do vinho*. Trad. Gabriela Máximo. Rio de Janeiro: Record, 2003.

PIAT, H. *300 citations pour aimer le vin*. Paris: Dunod, 2010.

PITTE, J. *O desejo do vinho conquistando o mundo*. Trad. Carmen Ferrer. São Paulo: Editora Senac São Paulo, 2012.

QU'EST-CE QUE LE VIN ORANGE? *La Revue du Vin de France*, on-line, fev. de 2014. Disponível em: http://www.larvf.com-,vins-orange-vinification-raisin-blanc-peau-rafles-tanins,4363533.asp. Acesso em 21-2-2015.

RAIGORODSKY, Breno. "Moscatel: a cara do Brasil". Em COPELLO, M. (org.). *Vinhos do Brasil*. Rio de Janeiro: Baco Multimídia, 2013.

REAL, M. C. *A arte de beber vinhos*. Porto Alegre: Sulina, 1984.

REBOUL, S. "Philosophie et qualité". Em *Le rasoir philosophique*, on-line. Disponível em: http://sylvainreboul.free.fr-qua.htm. Acesso em 27-11-2014.

ROBINSON, J. *Como degustar vinhos*. Trad. Rosane Albert. Rio de Janeiro: Globo, 2010.

ROCHA, Â. & SILVA, J. F. (orgs.). *Consumo na base da pirâmide*. Estudos brasileiros. Rio de Janeiro: Mauad, 2009.

ROMANELLI, C. "Que bandeirante, que nada; tropeirismo pode virar Patrimônio Cultural da Humanidade e ganhar centro de referência e documentação". Em *Revista de História*, on-line, outubro de 2012. Disponível em: http://www.revistadehistoria.com.br/secao/em-dia/que-bandeirante-que-nada. Acesso em 6-2-2015.

ROSA, S. "Os primeiros 100 anos: o espumante brasileiro completa seu centenário como um dos ícones da vinicultura nacional". Em *Revista Adega*, São Paulo, 4-10-2013.

SAHLINS, M. *Cultura e razão prática*. Trad. Sérgio Tadeu de Nyemayer Lamarão. Rio de Janeiro: Zahar, 1979.

SAVARIN, B. *A fisiologia do gosto*. Trad. Paulo Neves. São Paulo: Companhia das Letras, 1995.

STRONG, R. *Banquete: uma história ilustrada da culinária, dos costumes e da fartura à mesa*. Trad. Sergio Goes de Paula. Rio de Janeiro: Jorge Zahar, 2004.

TEIL, G. *De la coupe aux lèvres: pratiques de la perception et mise en marche des vins de qualité*. Toulouse: Éditions Octarès, 2004.

_____. "Le vin, signe ou probleme?". Em Communication au congrès de l'AFS; *Consommations & Sociétés*, nº 5, Paris, 2004. Disponível em: http://www.argonautes.fr-sections.php?op=viewarticle&artid=234. Acesso em 21-2-2015.

_____. "They Had no Tastes! From a Sociological to a Pragmatist View of Perception." Comunicação apresentada em Seminar Truth, Interpretations of Language, University of Mumbai, março de 2007.

_____. "Having Costumers Share the Perception of Quality Differences: one Century of Debates about Quality Assessments on the French Wine Market". Comunicação apresentada em Indira Gandhi Institute for Development Research. Mumbai, agosto de 2007.

_____ et al. "Faire valoir: le marché comme instrument de l'action collective. Le cas des vins à qualité environnementale." Comunicação apresentada em Colloque International: "Les Approches Pragmatiques de l'Action Publique", Bruxelas, novembro de 2007.

_____. "Faire valoir et apprécier: des produits alimentaires aux paysages". Em *Revue Scientifique Sur la Conception et l'Aménagement de l'Espace*, Paris, janeiro de 2009.

_____ & BARREY, S. "Making Objects Matter without a Laboratory: the Case of the Wine Authentic *Terroir* Quality". Comunicação apresentada em CRESC Conference, University of Manchester, Manchester, 2009.

TONIETTO, J. "Existe 'o espumante brasileiro'?". Em *Bon Vivant*, 8 (97), Flores da Cunha, 2007.

_____. "Vinhos brasileiros de 4ª geração: o Brasil na era das indicações geográficas". Em *Embrapa Uva e Vinho. Comunicado Técnico*, 45, Bento Gonçalves, 2003.

TORRÈS, O. *La guèrre des vins: l'affaire Mondavi; mondialisation et terroirs*. Paris: Dunod, 2005.

UCHA, D. "Quem quer a Georges Aubert?". Em *Jornal do Comércio*, on-line, janeiro de 2013. Disponível em:

http://jcrs.uol.com.br-site-noticia.php?codn=113154. Acesso em 15-10-2014.

VEBLEN, T. *A Alemanha imperial e a revolução industrial; a teoria da classe ociosa*. Coleção Os Pensadores. Trad. Bolívar Lamounier e Olívia Krähenbühl. 2ª ed. São Paulo: Abril Cultural, 1985.

WARDE, A. "Consumption and Theories of Practice". Em *Journal of Consumer Culture*, Londres, 2005.

_____. *Consumption, Food and Taste: Culinary Antinomies and Commodity Culture*. Londres: Sage, 1997.

WILKINSON, J. "Global Values Chains and Networks in Dialogue with Consumption and Social Movements". Em *International Journal of Technological Learning, Innovation and Development*, 1 (4), 2008.

_____. *Contemporary Consumers: an Interdisciplinary Gaze on Current Debates*. Rio de Janeiro: UFRRJ, 2002. Não publicado.

_____. "A agricultura familiar na redefinição do sistema agroalimentar". Em MIRANDA, D. S. & CORNELLI, G. (orgs.). *Cultura e alimentação: saberes alimentares e sabores culturais*. São Paulo: Sesc, 2007.

Este livro foi composto com as fontes Minion e The Great Escape,
impresso em papel offset 90 g/m² no miolo e cartão supremo 250 g/m² na capa,
nas oficinas da Rettec Artes Gráficas, em junho de 2015.